열정민쌤의

틴 커 캐 드 로 시작하는
에듀테크
미술 만들기 수업

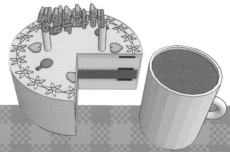

원정민 · 온연경 · 고수빈
이상수 · 최지은 지음

박영story

머리말

미술 시간에 도안만 색칠하진 않으시나요?
더 편하고 의미 있는 수업 방법을 소개해드립니다.

'미술' 교과는 여러 유능한 선생님들께서 수업 자료들을 제작, 공유해주시는 경우가 더 많은 과목입니다. 빛나는 아이디어로 바로 사용할 수 있는 도안들을 만들어주신 덕분에 교실 뒤에 전시하기도 좋고, 도안 자체가 예뻐서 결과물도 상향평준화됩니다.

하지만 도안 기반 수업만을 하다 보면, 미술과 교육의 목표 중 하나인 '자신의 느낌과 생각을 창의적으로 표현하며 경험과 사고를 유연하게 통합하고 확장'하는 데에 한계가 느껴지기도 합니다. 미술 교과에서 표현 영역은 매우 중요합니다. 학생들은 표현 활동을 통해 자신의 느낌과 생각을 시각화합니다. 이를 위한 다양한 발상은 아이디어와 주제를 발전시키고 표현하는 데 토대가 되며, 작품 제작 과정에서 창의적으로 문제를 해결하는 법을 자연스럽게 체득합니다.

그럼에도 불구하고 학교 수업에서 미술의 표현 활동은 생각보다 제약이 많습니다. 다양한 표현 재료와 용구를 다뤄야 하지만 그러기엔 쉽지 않습니다. 색연필, 사인펜 이외의 재료를 사용해 표현 활동을 해보고자 마음먹더라도, 시작하기도 전부터 재료 준비의 어려움에 봉착하기도 하고, 끝나고 정리하기도 보통 일이 아닙니다. 따라서 현장에서 다양한 재료를 활용한 표현 활동보다는, 보다 수월한 도안 완성하기 수업이 많아지고 있는 것 같습니다.

　　6년 전 지도 교수님과 한국교육학술정보원의 [SW교육 공간 구축 연구]를 진행할 때, 연구 결과물로서 이 세상에 없는 물품들을 구상했습니다. 구상한 물품을 시각화하여 예시를 보여주기 위해서는 3D모델링이 필수적이었는데, 이 과정에서 '틴커캐드'를 처음 만나게 되었습니다.

　　메이킹용 탁자, 전원 연결 장치 등 머릿속에서 고안한 물품들을 틴커캐드로 모델링하다 보니, 수업에 적용해보면 어떨까 생각했습니다. 물론 기존에도 틴커캐드로 물품을 만드는 수업들이 많았습니다. 좋은 수업들이었으나 학생들이 스스로 창의적으로 표현하기보단, 설명을 그대로 따라가 결과물을 완성해내는 결과물 중심의 수업이라는 아쉬움이 있었고, 교육과정과 연계성이 부족하다고 느꼈습니다. 이를 개선해서 결과물 위주의 수업에서, 교육과정과 연계한, 학생들의 표현 역량을 높일 수 있는 일상적 미술 수업으로 옮겨보기 시작했습니다. 즉, 단순 결과물 제작을 넘어, 학생 스스로 작품 계획서를 구상하고, 구현해보도록 지도했습니다. 완성 후에는 반 친구들과 각자 만든 작품을 감상하는 시간도 가졌습니다.

　　초반 2-4차시의 수업을 통해 틴커캐드 기초 기능만 익힌다면, 그 후에는 학생들이 상상한 것을 마음껏 구현할 수 있습니다. 전 학년 활용 가능하고, 만들기 수업인데 준비물도 필요 없고 쓰레기도 안 나옵니다. 학생들이 100% 몰입하고, '망했어요', '저 그림 못 그려요', '다했는데 뭐해요?'와 같은 미술 시간 단골 멘트가 나올 일도 없지요.

　　게다가 본 도서는 바로 수업할 수 있는 수업 PPT 꾸러미, 선생님께서 창의적인 수업이 가능한 틴커캐드 수업 만능틀도 제공합니다. 수업 PPT가 있기 때문에 시작이 어렵지 않습니다. 바로 시작해보세요!

대표 저자 원정민 드림

차례

CHAPTER 01 | **교실에 들어온 에듀테크 미술 만들기 수업**

1-1 2022 개정 교육과정으로 살펴보는 에듀테크 미술 수업 ·················· 3

1-2 에듀테크 미술 수업의 장점 ·················· 7

1-3 왜 틴커캐드인가요? ·················· 9

1-4 본 책을 활용하는 방법 ·················· 11

CHAPTER 02 | **틴커캐드 수업 시작하기(기초 기능 배우기)**

2-1 첫 번째 수업하기 ·················· 15

수업 개설하기 • 15

첫 차시 시작하기(학생 초대 및 기초 기능 익히기) • 20

작품 감상하기 • 29

작품을 감상하는 방법 • 30

첫 차시 자유 작품 예시 작품 • 32

2-2 두 번째 수업하기 ·················· 33

두 번째 수업(그룹화 배우기) 예시 작품 • 33

두 번째 기초 기능 2차시 수업안 • 34

쉐이프 합치기(그룹화) • 35

쉐이프 깎기(투명 그룹화) • 37

그룹화를 활용한 모형 자동차 만들기 • 40

추가 활동: 그룹화를 활용한 트럭 만들기 • 47

CHAPTER 03 │ **머그컵 만들기(정렬 배우기)**

3-1 머그컵 만들기(정렬 배우기) ··· 53

머그컵 만들기 예시 작품 • 55

머그컵 만들기 2차시 수업안 • 56

머그컵 만들기 • 56

3-2 이런 수업도 할 수 있어요! 머그컵에 음료 채우기 ················· 70

예시 작품 • 70

CHAPTER 04 │ **모델링 없이 쉽게 만들기(1) - 가구**

4-1 가구 만들기 ··· 75

가구 디자인 예시 작품 • 76

가구 만들기 2차시 수업안 • 76

어떠한 주제의 만들기에도 적용하기 • 77

검색하기 • 77

구상하기 • 80

틴커캐드로 만들기 • 82

공유 및 감상 • 82

4-2 수업 더하기: 나만의 방 만들기 ·· 85

나만의 방 만들기 2차시 수업안 • 85

나만의 방 만들기 예시 작품 • 86

CHAPTER 05 | 모델링 없이 쉽게 만들기(2) - 미래의 수송 수단

5-1 미래의 수송 수단 만들기 ·· 89

　　미래의 수송 수단 예시 작품 ● 90

　　미래의 수송 수단 2차시 수업안 ● 91

　　구상하기 ● 92

　　틴커캐드로 만들기 ● 95

　　공유 및 감상 ● 96

5-2 수업 더하기: 수송 수단의 사용 공간 꾸미기 ······································· 99

　　수송 수단의 사용 공간 꾸미기 1차시 수업안 ● 99

　　수송 수단의 공간 꾸미기 예시 작품 ● 100

CHAPTER 06 | 주택 만들기

6-1 주택 만들기 ·· 103

　　나만의 주택 만들기 예시 작품 ● 103

　　주택 만들기 2차시 수업안 ● 104

　　주택 만들기 ● 104

6-2 수업 더하기: 원하는 건축물 만들기 ·· 115

　　원하는 건축물 만들기 2차시 수업안 ● 115

　　원하는 건축물 만들기 예시 작품 ● 116

　　이런 수업도 할 수 있어요 ①: 에너지 제로 하우스 ● 116

　　이런 수업도 할 수 있어요 ②: 빌딩형 건물 ● 117

CHAPTER 07 | 케이크 만들기

7-1 케이크 만들기 ·· 121
  케이크 만들기 예시 작품 ● 121
  케이크 만들기 2차시 수업안 ● 122
  케이크 만들기 ● 122
  남은 시간 활동 ①: 음료 추가하기 ● 138
  남은 시간 활동 ②: 상자 추가하기 ● 139
7-2 수업 더하기: 마음을 담은 케이크 만들기 ····································· 140
  마음을 담은 케이크 만들기 2차시 수업안 ● 140
  다양한 모양의 케이크 만들기 예시 작품 ● 141

CHAPTER 08 | 캔 만들기

8-1 캔 만들기 ··· 145
  나만의 캔 만들기 예시 작품 ● 146
  나만의 캔 만들기 2차시 수업안 ● 146
  캔 만들기 ● 147
  둥근 표면에 디자인 삽입하기 ● 167
8-2 수업 더하기: 나만의 캔 브랜드 디자인 추가하기 ························· 176
  나만의 캔 브랜드 디자인 추가하기 2차시 수업안 ● 176
  나만의 캔 브랜드 디자인 추가하기 예시 작품 ● 177

CHAPTER 09 | 태극기 만들기

9-1 태극기 만들기 ··· 181
  태극기 완성 작품 ● 181
  태극기 만들기 3차시 수업안 ● 182
  태극기 원본 비율과 비례한 각 구성요소의 길이 알아보기 ● 183

태극기 만들기 • 184

태극 문양 만들기 • 185

4괘 만들기 • 190

태극기 완성하기 • 197

9-2 수업 더하기: 태극 문양 방패연 만들기 ·· 199

태극 문양 방패연 만들기 2차시 수업안 • 199

틴커캐드 모델링 디자인 학생들과 공유하기 • 200

태극 문양 방패연 만들기 예시 작품 • 204

CHAPTER 10 │ 미끄럼틀 만들기(중력 기능 배우기)

10-1 미끄럼틀 만들기(중력 기능 배우기) ·· 207

미끄럼틀 예시 작품 • 208

미끄럼틀 만들기 2차시 수업안 • 209

미끄럼틀 만들기 • 209

10-2 수업 더하기: 놀이터 만들기 ·· 219

놀이터 만들기 2차시 수업안 • 219

놀이터 만들기 예시 작품 • 220

부록 │ 타 교과 융합하기

[수학 융합] 원기둥, 원뿔, 구 등의 입체도형 활용한 건축물 만들기 • 223

[사회 융합] 미래 공공기관 만들기 • 223

[사회 융합] 석가탑 만들기 • 224

[사회, 실과 융합] 세계 다양한 나라 음식 만들기 • 225

[과학 융합] 친환경 자동차 만들기 • 225

[과학 융합] 사람 구하는 로봇 만들기 • 226

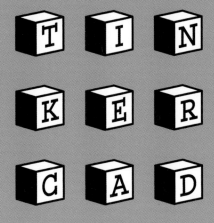

CHAPTER 01

교실에 들어온 에듀테크 미술 만들기 수업

1-1 2022 개정 교육과정으로 살펴보는 에듀테크 미술 수업

교실에 1인 1디지털 기기가 보급되면서 수업이 변화하고 있습니다. 조사 수업을 할 때 컴퓨터실로 이동하는 것이 아니라 교실 내의 디지털 기기를 활용한 지는 꽤 되었고, 수업 중에 카훗이나 띵커벨을 활용해 퀴즈를 풀고 학급에서 학생들이 가장 어려워하는 문항을 점검하기도 합니다. 미리캔버스나 캔바를 활용해 프로젝트 결과물을 멋지게 만들고, 과제 제시 및 결과물을 구글 클래스룸이나 다했니 등의 플랫폼을 활용하고, 피드백 및 평가도 온라인으로 하기도 합니다.

이러한 변화의 과정 속에서 교육부도 2020년 '코로나 이후, 미래교육 전환을 위한 10대 정책과제'를 통해 미래형 교육을 위한 2022 개정 교육과정 개편 계획을 제시하였습니다. 또한 새로 개정된 2022 개정 교육과정을 통해 미래 교육 패러다임의 변화에 따른 교수·학습 및 평가를 개선하고 미래형 교육기반을 확대하고자 하였습니다(교육부, 2020*).

실제로 2022 개정 교육과정을 살펴보면 미래 교육의 일환으로 디지털 기반 교수 학습 방법이 확대됨을 알 수 있습니다. 디지털 활용 교육을 중심으로 2022 개정 교육과정을 함께 살펴볼까요?

● 2022 개정 교육과정 구성의 중점 中 ●

가. **디지털 전환**, 기후·생태환경 변화 등에 따른 미래 사회의 불확실성에 능동적으로 대응할 수 있는 능력과 자신의 삶과 학습을 스스로 이끌어가는 주도성을 함양한다.
나. 학생 개개인의 인격적 성장을 지원하고, 사회 구성원 모두의 행복을 위해 서로 존중하고 배려하며 협력하는 공동체 의식을 함양한다.
다. 모든 학생이 학습의 기초인 언어·수리·**디지털 기초소양**을 갖출 수 있도록 하여 학교 교육과 평생 학습에서 학습을 지속할 수 있게 한다.
라. 학생들이 자신의 진로와 학습을 주도적으로 설계하고, 적절한 시기에 학습할 수 있도록 학습자 맞춤형 교육과정 체제를 구축한다.
마. 교과 교육에서 깊이 있는 학습을 통해 역량을 함양할 수 있도록 교과 간 연계와 통합,

---

* 교육부(2020). 코로나19 이후, 미래교육 전환을 위한 10대 정책과제.

> 학생의 삶과 연계된 학습, 학습에 대한 성찰 등을 강화한다.
> 바. 다양한 학생 참여형 수업을 활성화하고, 문제 해결 및 사고의 과정을 중시하는 평가를 통해 학습의 질을 개선한다.
> 사. 교육과정 자율화·분권화를 기반으로 학교, 교사, 학부모, 시·도 교육청, 교육부 등 교육 주체들 간의 협조 체제를 구축하여 학습자의 특성과 학교 여건에 적합한 학습이 이루어질 수 있도록 한다.

2022 개정 교육과정이 이전의 교육과정과 다른 여러 점들이 있지만, 그중에서도 눈에 띄는 것은 '디지털 기초소양'을 언급한 부분입니다. 위 내용은 교육과정 전체의 핵심이 되는 총론입니다. 이에 따라 각 교과별 교육과정에도 디지털 기초소양 함양을 위한 내용들이 들어가 있습니다. 2022 개정 미술과 교육과정에서 더 자세히 살펴보겠습니다.

● 2022 개정 미술과 교육과정 성격 및 목표 中 ●

> 디지털 전환의 시대를 맞이하여 미래에 대한 예측이 불확실해질수록 삶의 주체로서 자신에 대한 이해가 더욱 중요해지고 있다. 미술의 경험을 통하여 학생들은 자신이 느끼고 생각한 것을 이해하고 성찰하며 확장함으로써 자신의 정체성을 형성해 갈 수 있다. 또한 타인, 환경, 세계와 상호 작용하는 가운데 자신의 위치를 확인하고 나아가 타인의 고유성을 존중하며 더불어 살아가는 힘과 협력적 문화를 형성하는 힘을 기를 수 있다. 특히 **가상공간까지 미술의 범위를 확대**하고, **표현과 소통의 도구로 디지털 매체**를 적극적으로 활용함으로써 학생들은 신체와 사고, 시간과 공간의 경험을 확장하며 디지털 시대에 필요한 소양을 기를 수 있다. 이를 바탕으로 학생들은 개인의 문제를 넘어 주변과 세계에서 일어나고 있는 다양한 문제에 새로운 질문을 던지고 함께 해결하면서 사람과 환경의 공존을 위한 생태 전환적 가치를 함양하여 공동체의 발전에 참여하는 시민으로 성장할 수 있다.

'2022 개정 미술과 교육과정 성격 및 목표'에는 표현과 소통의 도구를 아날로그에 제한하지 않고 디지털 매체를 적극적으로 활용함으로써 디지털 시대에 필요한 소양을 기를 수 있다고 나와 있습니다. 즉 디지털 기기를 활용한 에듀테크 미술 수업을 통해 디지털 기초소양을 함양할 수 있음을 언급하고 있습니다.

● 2022 개정 미술과 교육과정의 교수·학습 방법 中 ●

(다) **미술 학습 환경의 변화를 고려하여 온오프라인 연계가 가능한 디지털 기반 교수·학습 방법**을 활용할 수 있다.

온오프라인 연계 학습은 학습의 목표 달성 및 효과를 극대화하기 위해 온라인 수업과 오프라인 수업 등을 다양한 방식으로 혼합한 교수·학습 방법이다. 학습 상황을 고려하고 온오프라인 수업의 특징을 분석하여 각 수업의 장점이 잘 연계되도록 한다.

미술과에서 활용 가능한 디지털 기반 교수·학습 방법에는 실감형 콘텐츠 활용 학습 방법, 메타버스 활용 학습 방법, 학습관리시스템(LMS : Learning Management System) 활용 학습 방법 등을 예로 들 수 있다. 실감형 콘텐츠를 활용한 활동은 실재감을 구현하여 학습에 몰입감을 높이고, 공감각적 상호 작용이 가능하다. 새로운 지각 경험을 통해 미적 체험, 표현, 감상의 영역을 확장할 수 있다. 메타버스를 활용한 활동으로 **가상공간에서 전시회를 열고 감상하거나, 온라인 게시판 등을 활용하여 소통의 장을 넓힐 수 있다.**

디지털 기술을 활용하여 학습자의 개별 특성과 학습 속도에 적합한 맞춤형 학습을 도울 수 있다. **학습관리시스템을 활용하면 실시간 온라인 협업을 통해 작품 및 결과물 공유, 전시가 가능**하며 학습자의 관리와 분석, 피드백 제공 등 원격수업 상황에서도 학습자에게 적합한 지원으로 학습 효과를 높일 수 있다.

'2022 개정 미술과 교육과정 교수·학습 방법'에는 디지털 기반 교수·학습 방법에 대한 구체적인 방법을 안내하고 있습니다. 주요 내용을 함께 살펴볼게요. '메타버스를 활용해 가상 공간에서 전시회를 열고 감상하거나 온라인 게시판 등을 활용해 소통의 장을 넓힐 수 있다'고 나와있는데, 거창하게 온라인 전시회를 여는 것이 아니더라도 일상적으로 패들렛이나 띵커벨 보드라는 가상 공간에 각종 결과물을 업로드하고 소통하는 경우가 해당될 겁니다. 디지털 기반 미술 활동을 하다 보면, 온라인 게시판을 활용한 소통은 너무나 쉽게 할 수 있고 자료가 아카이빙 되기 때문에 매우 편리합니다.

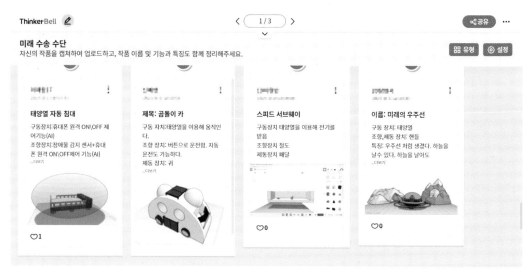

온라인 게시판을 활용한 소통의 예시

1-2 에듀테크 미술 수업의 장점

지금까지는 2022 개정 교육과정을 통해 디지털 기반 미술 활동에 대해 살펴봤는데요, 다음으로는 에듀테크 미술 수업을 해보면서 느낀 장점을 말씀드리겠습니다.

첫째, 뒤로 가기 기능입니다.

디지털드로잉이든, 캔바든, 본 책에서 다룰 틴커캐드든 디지털 미술 프로그램은 대부분 '뒤로 가기' 기능을 지원합니다. 미술 시간에 가장 많이 듣게 되는 '선생님, 저 망했어요. 다시 할래요'라는 말이 나올 필요가 없죠. 학생들도 자신감 있게 활동할 수 있습니다. 실수를 해도 '뒤로 가기'가 가능하니까요.

둘째, 준비물이 필요 없고, 쓰레기도 나오지 않습니다.

학습준비물을 미리 사놓지 않으면 현장에서 미술 시간에 '만들기' 수업을 하기가 어려운 게 현실입니다. 이러한 단점을 극복할 수 있는 것이 디지털 기반 미술 활동입니다. 재료의 제한 없이, 가상의 공간에서 다양한 것들을 상상력을 펼치면서 만들 수 있습니다. 원하는 색감과 효과를 내기에도 효과적입니다.

셋째, 자료 수합에 용이합니다.

작품을 완성한 후에 캡처해서 패들렛이나 띵커벨 보드 등에 업로드해서 결과물을 누적 관리하기 좋습니다. 또한 프로그램에 따라 학생 작품을 교사가 바로 볼 수 있는 LMS(학습 관리 시스템)를 지원하는 경우도 많습니다. 본 책에서 다룰 틴커캐드도 학생들의 작품을 모아서 관리하는 기능을 지원합니다.

넷째, 학생들이 친숙해하고, 수업에 몰입합니다.

스마트폰 시대에 태어난 알파세대 아이들은 디지털에 친숙합니다. 디지털 도구의 기능을 익히는 것도 매우 잘하고, 기능을 익힌 후에는 몰입해서 창의적인 작품들을 만들어냅니다.

다섯째, 창의적인 표현 활동이 가능합니다.

특히 초등 미술의 경우, 미술전문가 선생님의 '도안' 색칠하기, '도안'을 활용한 만들기 수업이 대세를 이루는 것 같습니다. '도안' 기반 미술 활동은 전시하기에 좋은 작품들이 만들어지지만 학생 주도적 창의적 작품과는 거리가 먼 경우도 있습니다. 이와 비교하여, 디지털 기반 미술 활동도 도안을 기반으로 하는 경우도 있지만, 대부분 창의적으로 표현해야 하는 활동이 많습니다.

1-3　왜 틴커캐드인가요?

틴커캐드는 Autodesk에서 만든 3D 디자인 프로그램으로 교실에서 미술 만들기 활동을 하면 다음과 같은 장점이 있습니다.

틴커캐드 홈페이지(https://www.tinkercad.com/)

첫째, 틴커캐드는 무료이며 접근이 쉽습니다.

구글 계정만 있으면 교사 회원 가입도 간편하고, 학급 개설도 쉽습니다. 학생들은 회원가입 없이 교사가 공유한 수업 코드만 있으면 쉽게 로그인할 수 있습니다.

둘째, 기능이 간단합니다.

처음 배우는 사람들도 금방 쉽게 배울 수 있습니다. 초등 저학년도 어렵지 않게 배울 정도입니다. 다만, 기능이 간단하기 때문에 전문가용 프로그램처럼 세세한 모델링은 어렵습니다. 이 부분이 단점이라면 단점이지만, 학교 교육에서는 장점이 아닐까 싶습니다. 세세한 모델링을 위해 너무 많은 기능이 있다면 복잡하고 배우기 어려울 겁니다. 우리의 목표가 3D 프린팅 전문가를 양성하는 것이 아니라, 학생들의 창의력을 신장하고, 상상력을 발휘해 이미지로 구현하게 하고, 더 나아가서는 3D 모델링을 느껴보고 체험하는 것이기 때문에 기능이 매우 정교하지 않아도 괜찮습니다. 그리고 일부 학생이 3D 모델링에 관심을 갖고, 3D 프린팅 전문가가 되기 위해 더 고급화된 프로그램을 배운다면, 비교적 쉬울 것입니다. 왜냐하면 3D 모델링 프로그램들의 원리(도형을 그룹화하고 깎는 것 등)가 틴커캐드와 비슷하기 때문이지요. 3D 프린팅 전문가가 되지 않아도 좋습니다. 상상한 것을 구현해봤던 경험, Z축까지 포함된 3차원에 대한 학습 경험은 학생들에게 큰 자산이 되지 않을까 싶습니다.

셋째, 만들 수 있는 것이 무궁무진합니다.

본 책에서 다룰 내용이 전부가 아닙니다. 기초 기능만 익히면 상상하는 것 어떤 것이든 만들 수 있어요. '디지털 찰흙'이라고 생각하면 됩니다. 다만 디지털이기 때문에 중력의 제한이나 색의 제한 없이 원하는 대로 만들 수 있고. 기본 요소들을 조합해서도 작품을 만들 수 있는 '업그레이드된 찰흙'입니다. 특히 4장, 5장은 어떠한 주제든 바꿔서 수업할 수 있는 방법들을 안내했습니다.

기초 기능을 익히고 수업을 어떻게 구성할지가 어려울 것 같다고요? 각 장마다 바로 쓸 수 있는 수업 PPT와 추가 활동까지 제공합니다. 저자들이 제시한 수업이 아니더라도, 스스로 수업을 구성하는 방법론도 4장, 5장에 제시하고 있습니다. 4장, 5장에서 제시한 수업 흐름대로 수업을 하면 고된 준비 없이도 쉽게 학생들의 상상력을 구현하는 멋진 작품들을 만들 수 있습니다.

본 책에는 2022 개정 교육과정에 기반한 디지털 기초 소양을 함양시킬 수 있는 디지털 미술 활동들을 담았습니다. 예를 들어 틴커캐드를 배우면 마치 찰흙처럼, 원하는 형태의 건축물, 수송수단, 가구 등 다양한 미술 작품을을 기획하고 디자인할 수 있습니다.

1-4 본 책을 활용하는 방법

2장의 기본 기능을 익힌 다음부터는, 순서대로 할 필요가 없습니다!
3장의 정렬은 추천드리지만, 건너뛰셔도 다른 수업을 하는 데 전혀 지장이 없습니다.
아니면 단순 정렬 기능만 배우고, 굳이 3장의 머그컵은 만들지 않아도 좋습니다.
즉, 2장의 기본 기능을 익힌 뒤에는 순서대로 수업을 하지 않으셔도 됩니다!

검색하기
(틴커캐드 갤러리,
포털사이트 이미지 검색)

구상하기
(구상 학습지 활용)

틴커캐드로 만들기

공유 및 감상
(Padlet이나
띵커벨보드 등 활용)

* 본 그림에는 S-Core에서 제공한 에스코어 드림 폰트가 적용되어 있습니다.

4장, 5장은 본 도서의 정수입니다. 4장과 5장에서는 어떠한 것이든 변형해서 수업할 수 있는 모델(위 차례)을 자세히 안내합니다. 예를 들어, 4장에서는 가구를 만들지만 '가구' 대신 '놀이터'나 '자동차' 등의 주제로 변형할 수 있는 수업 방법을 제시합니다. 미술 교과서에 있는 것도 좋고, 다른 교과에 있는 만들기 활동 어느 것이든 가능합니다. 기존에 있는 것을 그대로 만들어도 좋고, 창의적으로 변형할 수도 있고, 이 세상에 없는 것을 발명할 수도 있습니다. 자세한 것은 4장, 5장을 참고해주세요!

나머지 장은 교사 중심으로 모델링을 배우고, 학생 중심으로 창의적으로 변형해보는 구조로 되어있습니다. 그리고 앞서 언급했듯이 각 장 마지막 부분에 있는 PPT 자료 활용을 추천드립니다. 구글 슬라이드 링크이기 때문에 원하는 대로 수정해서 활용 가능합니다.

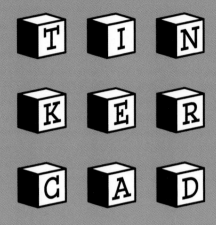

CHAPTER 02

_____

틴커캐드 수업 시작하기
(기초 기능 배우기)

_____

틴커캐드로 시작하는 에듀테크 미술 만들기 수업

첫 번째 수업하기

수업 개설하기

포털사이트(구글, 네이버 등)에 'Tinkercad'라고 검색 후 틴커캐드 사이트(https://www.tinkercad.com/)에 접속합니다. [로그인]을 클릭한 후 반 개설을 위해 [교사]를 클릭합니다. 학생들은 [수업 코드를 가진 학생]을 클릭하는데, 학생들이 로그인하는 방법은 20쪽에서 알아보겠습니다.

포털사이트에 한글로 '틴커캐드'를 검색하면 다른 사용자가 만든 틴커캐드 작품으로 연결되는 경우가 있습니다. 꼭 영어로 검색해주세요! 영어로 검색해서 들어간 페이지도 다른 사용자가 만든 틴커캐드 작품으로 연결된다면, 좌측 상단 Tinkercad 로고를 클릭하면 메인 페이지로 이동할 수 있습니다.

수업을 개설하기 위해 [교사]를 클릭해 입장한 후 원하는 방식으로 로그인합니다. 많은 선생님들께서 가지고 있으신 Google 계정으로 로그인하면 간편합니다. 그 후 다음과 같은 절차를 거치면 교사로서 로그인이 완료됩니다.

로그인이 완료되면 아래와 같이 틴커캐드 기본 화면에 접속할 수 있습니다. 교사가 자신의 작품을 만들 때는 좌측의 [디자인]을 클릭해 3D 디자인을 만들 수 있습니다. 학생 작품을 보는 등 수업과 관련한 내용은 좌측의 [수업]을 클릭해 작업합니다. 수업을 만들기 위해서 [수업]-[새 수업 만들기]를 클릭합니다.

강의실 이름은 학교 이름이나 학급 이름(예: 틴커학교 1-1)으로 설정합니다. 여러 학급을 지도한다면 각각 '틴커학교 1-1', '틴커학교 1-2'와 같이 각 학급 이름으로 여러 학급을 개설하면 관리하기에 편리합니다.

새 수업 ✕

강의실 이름 ✔

틴커학교

학년

12 - 13세 | 7학년 ⌄

주제

아트 ⌄

취소 **수업 만들기**

개설된 수업에 학생 계정을 손쉽게 생성해보겠습니다. 먼저 해당 수업 이름을 클릭합니다.

내 수업

(교육) 보관됨   공동 강의   등록됨

(새 수업 만들기) (작업 ⌄)   작성 날짜 ⌄

틴커학교   0명의 학생   만든 날짜: Nov 11, 2023   ···

[학생 추가]를 클릭합니다.

〈 틴커학교

학생 활동 새 항목! 디자인 알림 공동 교사   안전 모드 ✔

수업 링크 공유 학생 추가 작업 선택 ▾ 수강생 명단   수업 링크: 8N8-SKU-B18 [이름으로 검색]

강의실이 비어 있습니다.

여러 학생을 한 번에 추가하는 것이 편리하므로 [학생 목록 붙여넣기]를 클릭합니다.

여러 학생의 이름을 한 번에 입력할 수 있습니다. 학생들이 로그인할 때 해당 이름을 입력한 후 들어옵니다. 입력한 후 [학생 n명 추가]를 클릭합니다.

TIP
엑셀 등에 입력되어 있는 학생 명렬표의 이름을 한 번에 복사(Ctrl+C)해서 18쪽의 학생 추가 창에 붙여 넣기(Ctrl+V) 하면 학생 이름을 일일이 입력하지 않아도 손쉽게 입력할 수 있습니다.

해당 수업에 학생들이 추가되었습니다. 오른쪽에 수업 링크가 있는데, 이를 TV 화면에 띄워 학생들에게 크게 보여줄 때는 왼쪽의 [수업 링크 공유]를 클릭합니다.

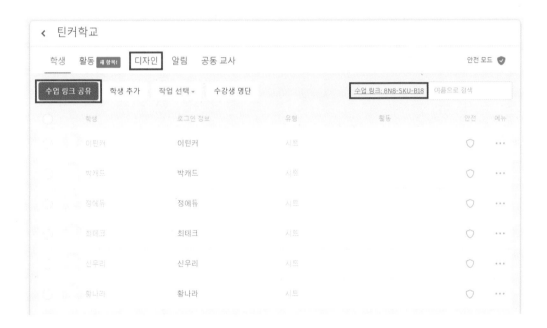

TIP
상단의 [디자인]은 학생들이 만든 작품을 한눈에 볼 수 있는 탭으로, 교사가 가장 자주 이용할 탭입니다. 추후 '작품 감상하기' 부분에서 다시 언급하겠습니다.

그렇다면 다음 화면과 같이 수업 코드가 크게 보입니다. 학생들은 이제 틴커캐드에서 수업 코드를 직접 입력해서 수업에 참여할 수 있고, 교사가 [링크 복사]로 링크를 보내 수업에 참여시킬 수도 있습니다. 둘 중 편한 방법을 사용하면 됩니다. 다음 쪽에서 학생 초대 방법을 자세히 알아보겠습니다.

링크를 사용하여 틴커학교 에 참여하거나 다음 수업 코드를 입력하십시오.

8N8 SKU B18

링크 복사   코드 복사

학생 지침

수업 링크:
1. 다음 링크를 사용하여 수업으로 이동하십시오.
   https://www.tinkercad.com/joinclass/8N8SKUB18
2. 교사가 지정한 별칭을 입력합니다.

수업 코드:
1. https://www.tinkercad.com/joinclass로 이동합니다.
2. 수업 코드 **8N8SKUB18**을(를) 입력합니다.
3. 교사가 지정한 별칭을 입력합니다.

> **TIP**
>
> 수업 코드나 수업 링크는 항상 같습니다.

첫 차시 시작하기(학생 초대 및 기초 기능 익히기)

여기까지 되었다면 학생들은 앞에서 교사가 만들어준 계정으로 쉽게 수업에 참여할 수 있습니다. 학생들은 틴커캐드 홈페이지에 접속하여 로그인을 하고, 로그인하는 창에서 [수업 코드를 가진 학생]을 클릭합니다.

TIP

만약 교사가 수업 링크를 복사해 공유해주었다면, 틴커캐드 홈페이지로 들어가서 수업 코드를 입력할 필요 없이 바로 수업으로 이동할 수 있습니다. 알파벳 입력을 어려워하는 초등 저학년의 경우 수업 링크 공유를, 초등 고학년 이상은 수업 코드 입력을 추천합니다.

앞서 제시된 방법으로 수업 코드를 학생들에게 보여주면 학생들은 수업 코드를 입력합니다. 그 후 [별칭으로 참여]를 클릭하여 이전에 교사가 '새 수업 만들기'–'학생 추가' 단계에서 생성해 둔 이름을 입력해 접속합니다.

위의 과정을 거쳐 학생들도 틴커캐드에 접속하면 다음과 같은 화면을 볼 수 있습니다. 좌측 [디자인] 탭에서 [＋만들기] 클릭 후 [3D 디자인]을 클릭하여 본격적으로 디자인을 할 수 있습니다.

아래와 같이 작업 평면과 우측의 쉐이프들이 뜹니다. 디자인을 하기 전 가장 먼저 제목을 변경합니다. 제목을 변경하면 추후 교사가 작품을 수정하거나 모아볼 때 편리합니다.

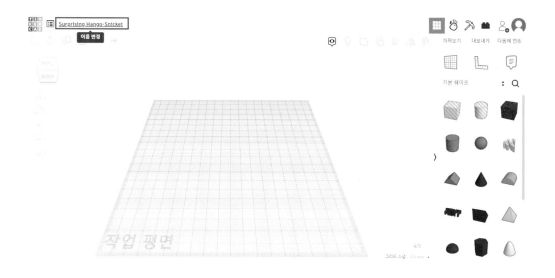

오른쪽의 기본 쉐이프에서 원하는 쉐이프를 드래그하거나 클릭하여 작업 평면에 가져와 디자인할 수 있습니다. 틴커캐드는 3D 프로그램입니다. 화면 변경을 자유롭게 해야 3D 프로그램을 잘 활용할 수 있습니다.

　왼쪽 상단의 [뷰 박스]를 돌려 화면을 회전할 수도 있고, 화면을 드래그하거나 마우스로 돌리며 3D로 쉐이프를 볼 수 있습니다.
　화면을 이동하고 회전하는 방법은 아래와 같습니다.

	태블릿 화면으로	마우스로
화면 이동	두 손가락을 동시에 화면을 누르고 드래그	마우스 휠을 클릭한 상태에서 드래그
화면 회전	한 손가락으로 드래그	마우스 오른쪽 클릭한 상태에서 드래그
확대/ 축소	두 손가락으로 벌리고 줄이기	마우스 휠을 위, 아래로 움직이기

쉐이프를 작업 평면에 가져와서 화면 이동, 화면 회전, 확대/축소를 하나씩 학생들과 함께 해보세요. 시점 변경에 대한 이해를 할 수 있을 것입니다.

마우스가 없어도 틴커캐드 수업이 충분히 가능합니다.

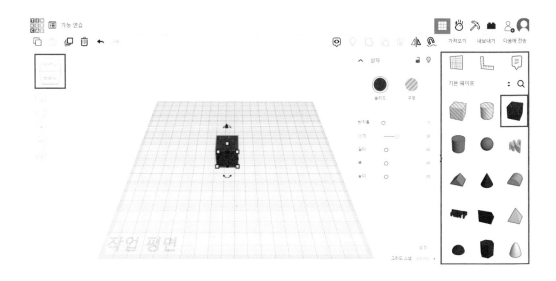

해당 쉐이프를 클릭하여 색상 변경도 가능합니다. [구멍]을 선택하면 해당 쉐이프가 투명한 쉐이프가 됩니다.

쉐이프 이동은 쉐이프를 클릭한 상태에서 드래그를 하면 됩니다.

TIP

키보드가 있는 경우 ← → ↓ ↑ 방향키를 통해 쉐이프의 위치를 세밀하게 조절할 수 있습니다. 또한 키보드가 없어도, 태블릿 터치로도 쉐이프 위치 조절이 충분히 가능합니다.

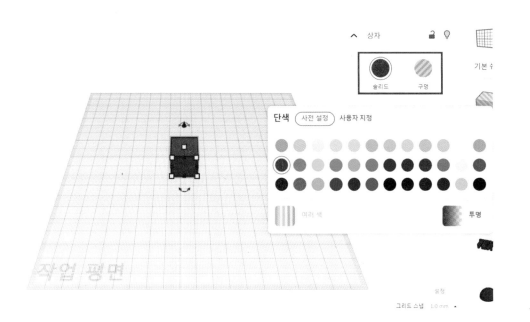

‘솔리드’, ‘구멍’이라는 글자가 안 보이면 쉐이프 클릭 후 V를 클릭합니다.

쉐이프를 조작하는 방법을 알아봅시다.

아이콘		기능
검정 네모	가로/세로 크기 조절	
회색 네모	가로/세로 동시에 크기 조절	
검정 세모	상하 이동	

	곡선 화살표	회전

TIP

키보드가 있는 경우, Ctrl을 누르고 ↓↑ 방향키를 누르면, 상하 이동을 쉽게 할 수 있습니다.

TIP

키보드가 있는 경우 Shift를 누르고 크기를 조절하면 비율이 고정된 채로 쉐이프 크기가 조절됩니다.

아래 화면의 오른쪽 기본 쉐이프를 클릭하면 기본 쉐이프 외에도 다양한 쉐이프들을 볼 수 있습니다. 또한 [돋보기] 버튼을 클릭해 원하는 쉐이프를 검색할 수도 있습니다. 검색할 때는 영어로 검색하는 것이 좋습니다.

왼쪽 상단의 기본 버튼들은 다음과 같습니다.

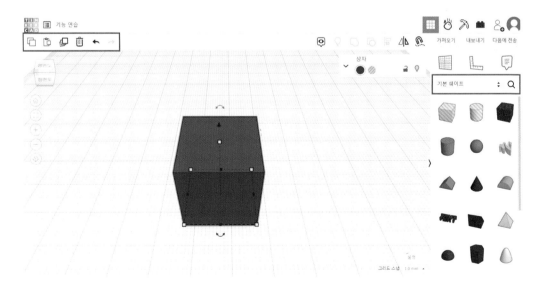

	복사하기	←	명령 취소 (뒤로 가기)
	붙여넣기	→	명령 복구 (되돌리기)
	복제 후 반복	🗑	삭제

TIP

해당 쉐이프를 클릭 후 [복제 후 반복]을 클릭하면 그 쉐이프가 그 자리에 그대로 복제되어 겹쳐져 있습니다. 그러므로 그 자리에 복제된 쉐이프를 이동해서 사용하면 됩니다.

[복사하기]를 누르고 [붙여넣기]를 누르는 것보다 [복제 후 반복]을 누르면 클릭 한 번에 바로 복제되므로 더 자주 사용합니다.

여기서 복제된 쉐이프를 이동한 후 [복제 후 반복]을 한 번 더 누르게 되면 처음 쉐이프와 복제된 쉐이프의 차이만큼 그대로 세 번째 쉐이프가 복제됩니다. 계단이나 나선형 구조 같이 같은 것이 같은 간격으로 반복될 때 유용합니다.

복제 후 반복 예시

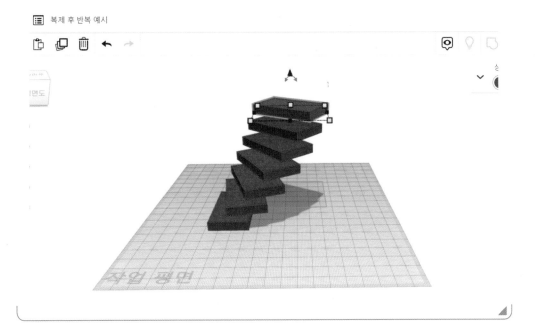

TIP

틴커캐드는 저장 버튼이 따로 없습니다. 수정하는 대로 자동저장되고, 학생들은 언제든 자신의 작품을 이어서 완성할 수 있습니다. 교사 또한 교사 계정의 [수업]-[수업 이름]-[디자인] 탭에서 실시간으로 학생의 작품을 볼 수 있습니다.

디자인을 하다가 작업 평면 공간이 부족하면 오른쪽 하단의 [설정]을 클릭해 폭과 길이를 늘려줍니다. 기본값은 200.00이며, 폭과 길이를 300.00 정도로 늘리면 여유 있게 늘어납니다.

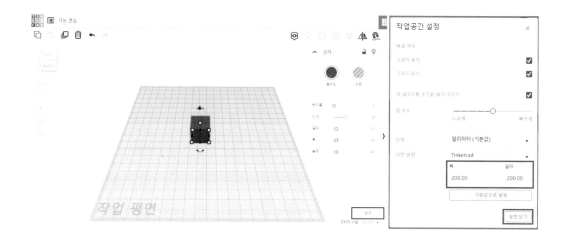

첫 수업에는 틴커캐드에 친숙해지도록 지금까지 학습한 내용을 바탕으로 자유 작품을 만들도록 하면 좋습니다. 다양한 물체의 쉐이프들이 제공되므로 [기본 쉐이프]를 클릭해 [기본 쉐이프] 외 다른 쉐이프들도 둘러보게 하면 학생들이 더욱 즐거워합니다.

틴커캐드를 둘러보고 자유 작품을 만들라고 하면 보통 [기본 쉐이프]를 이용해 직접 만들기보단 이미 완성되어 있는 쉐이프를 가져올 것입니다. 첫 시간이니 흥미 고취를 위해 자유롭게 탐색해보게 합니다.

작품 감상하기

작품을 완성한 후에는 감상 및 공유의 시간을 갖습니다. 학생들은 열심히 만든 본인 작품을 보여주고, 자랑하는 것을 좋아하기 때문에 감상 시간을 충분히 가져도 좋습니다. 틴커캐드 수업에서 감상 시간은 단순히 서로 보여주는 것 이상의 큰 의미를 가집니다.

학생들이 작품을 디자인할 때는 작품 디자인에 열중하느라 종종 창작의 고통을 느끼기도 합니다. 창작의 과정 후, 감상의 시간을 통해 온전히 작품을 즐기는 시간을 가지면서 충분한 재미와 희열을 느낍니다. 이렇게 감상의 즐거움을 느끼면 자연스럽게 다음 시간에 대한 동기도 유발됩니다. 잔여 수업 시간에 따라 작품 하나하나 자세히 살펴보거나 전체적으로 살펴보면서 수업 시간을 조절할 수 있습니다.

작품을 감상하는 방법

작품을 감상하는 방법은 두 가지가 있습니다.

첫째, 틴커캐드 내에서 교사 계정으로 보는 방법입니다. 교사 계정에서 모든 학생의 작품이 보이므로, 교사 화면을 교실 TV화면에 띄워 다 함께 감상할 수 있습니다. 학생 개개인이 자유롭게 감상하고 감상 소감 등을 남기진 못하지만 학생의 작품을 클릭해 화면을 변경해가며 3D로 온전히 감상할 수 있습니다. 완성된 학생의 작품을 교사가 실시간으로 쉽게 확인할 수 있으므로 감상 시간이 여유롭지 않을 때 활용할 수 있습니다.

틴커캐드 교사 계정으로 학생의 작품을 보는 방법은 다음과 같습니다.

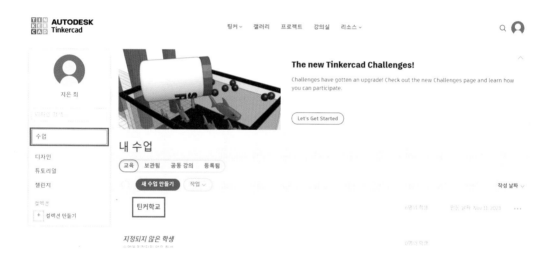

틴커캐드 교사 계정에서 [수업]에 들어가 [개설한 수업 이름]을 클릭합니다.

그 후 상단의 [디자인]을 클릭합니다. 그럼 학생들의 작품이 한눈에 보입니다. 작품 위에 마우스를 가져다 대거나 손가락으로 드래그하면 시점이 이동하며 보입니다. 자세히 보려면 [이 항목 편집]을 클릭합니다. 그러면 학생이 편집한 작업 평면과 작품이 뜨며, 여기서 작품을 감상하거나 편집할 수 있습니다. [톱니바퀴] 모양을 눌러서 복제하거나 삭제할 수도 있습니다.

3D 데이터를 여러 개 불러오는 것이므로, 로딩 시간이 필요합니다.

둘째, 학생이 직접 자신의 작품을 캡처해, 패들렛이나 띵커벨 보드 등에 업로드하는 방법입니다. 단순히 사진만 업로드하지 않고 작품 이름이나 설명을 함께 업로드하면 더 좋습니다. 이 경우, 캡처한 사진이므로 3D로 온전히 감상할 수는 없습니다. 하지만 학생들이 다 같이 교사의 화면을 보지 않고, 자신의 태블릿에서 자유롭게 감상하고 댓글로 감상 소감 등을 주고받을 수 있습니다. 캡처 및 업로드에 시간이 걸리고, 작품 설명과 댓글을 쓰는 데에도 시간이 소요되므로 감상 시간이 충분할 때 활용하면 좋습니다.

첫 차시 자유 작품 예시 작품

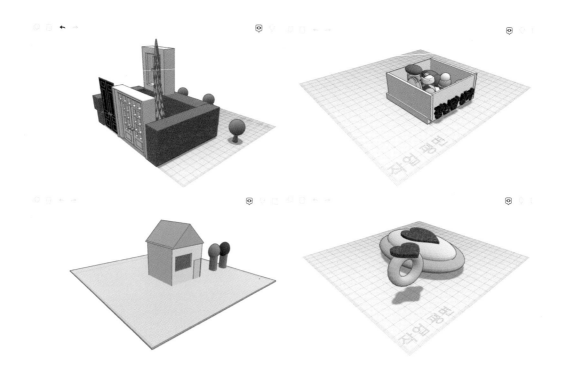

첫 수업 시 활용할 수 있는 수업 PPT를 제공해드립니다. QR코드의 수업 PPT를 편집해서 활용하셔도 좋습니다.

TIP

학생들의 학습 속도가 빠른 경우, 본 책에서 제시한 아래 QR코드의 1-2차시 수업, 33~49쪽의 3-4차시 수업을 융합해, 2차시에 압축해서 지도해도 좋습니다.

2장 1-2차시 수업
PPT QR코드

2-2 두 번째 수업하기

두 번째 수업(그룹화 배우기) 예시 작품

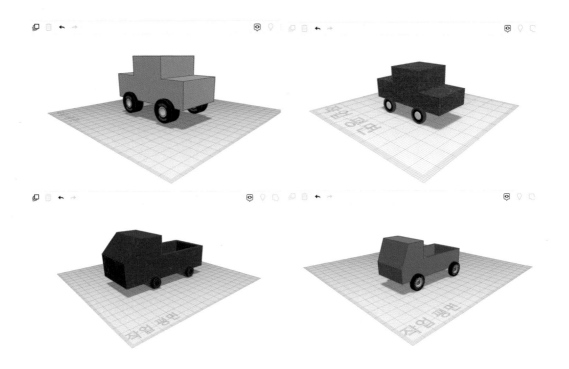

성취기준

[4미02-02] 주제를 자유롭게 떠올릴 수 있다.

[4미02-04] 표현 방법과 과정에 관심을 가지고 계획할 수 있다.

학습 목표

도형을 합치고 깎아 다양한 도형을 3D로 만들 수 있다.

두 번째 기초 기능 2차시 수업안

도입	지난 시간 기초 기능 미션 도전하기
전개	쉐이프 합치기 시범 따라 하며 그룹화 익히기
	쉐이프 깎기 시범 따라 하며 투명 그룹화 익히기
	그룹화를 활용한 모형 자동차 만들기
정리	작품 공유 및 감상하기

틴커캐드 두 번째 수업은 지난 시간에 배운 기초 기능을 활용해 간단한 미션으로 시작합니다. 이를 통해 지난 학습을 상기하며 학생들의 학습 동기를 유발할 수 있습니다.

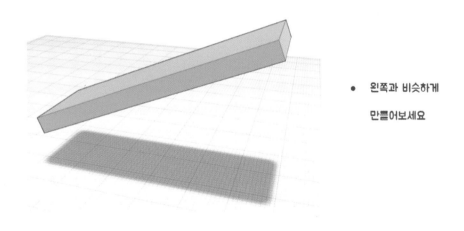

두 번째 수업은 [그룹화]를 학습하겠습니다. [그룹화]는 여러 쉐이프를 합치거나 깎아서 하나의 쉐이프로 설정하는 기능입니다. [그룹화]를 이용해 여러 쉐이프를 합쳐 하나의 쉐이프로 만들거나, '투명'한 쉐이프를 합쳐 기존의 쉐이프를 깎을 수도 있습니다.

[그룹화]를 이용하여 기본으로 제공되는 쉐이프를 원하는 다양한 모양으로 바꿀 수 있으므로 [그룹화]는 가장 필수적인 기능입니다.

쉐이프 합치기(그룹화)

교사의 시범을 따라 하며 그룹화를 익혀보겠습니다.

[기본 쉐이프]에서 [상자] 쉐이프와 [지붕] 쉐이프를 가지고 와서 위치를 조절해 집 모양으로 만들어주었습니다. 내가 만든 집 모양을 하나의 쉐이프로 설정하고 싶을 때 쓰는 것이 바로 [그룹화]입니다.

두 쉐이프를 동시에 클릭합니다. 여러 쉐이프를 동시에 클릭하는 방법은 아래와 같습니다.

	태블릿 화면으로	마우스로
여러 쉐이프 동시에 클릭	A 쉐이프 클릭 후 이어서 B 쉐이프 클릭	A 쉐이프 클릭 후 Shift를 누른 상태에서 B 쉐이프 클릭 또는 마우스 왼쪽 클릭한 상태로 드래그하기

클릭된 쉐이프에는 하늘색 테두리가 표시됩니다. 두 쉐이프를 동시에 클릭한 후 상단의 [그룹화]를 클릭합니다.

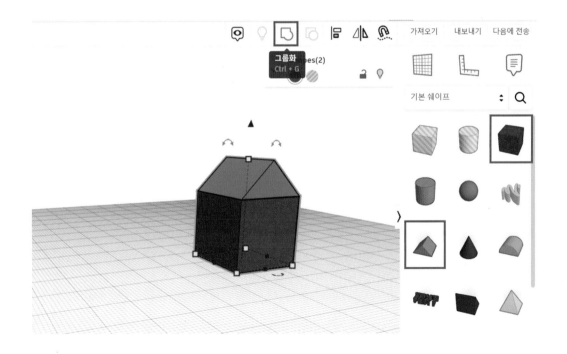

그러면 아래 화면처럼 두 쉐이프가 하나의 집 모양 쉐이프로 인식되면서 자동으로 같은 색으로 통일됩니다. 쉐이프를 이동해보면 집 모양 쉐이프가 함께 이동하는 것을 확인할 수 있습니다.

하나의 집 모양 쉐이프를 다시 원래의 두 쉐이프로 각각 인식시키고 싶을 때는 상단의 [그룹 해제]를 클릭하면 두 쉐이프로 각각 분리됩니다.

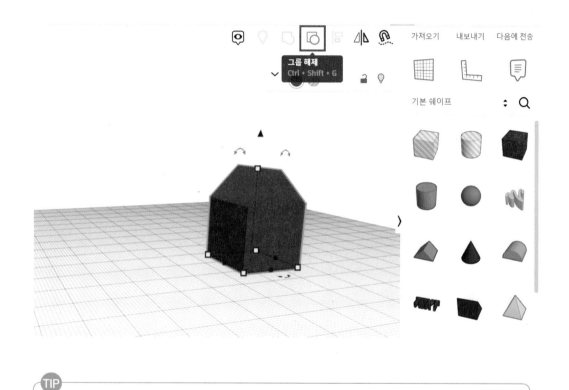

TIP

[그룹화]시킬 쉐이프가 꼭 붙어있어야 하는 것은 아닙니다. 따로 떨어져 있는 두 쉐이프도 하나의 쉐이프로 [그룹화]할 수 있습니다. 이는 추후에 예시 작품을 만들며 설명드리겠습니다.

그룹화한 쉐이프는 색이 하나로 통일됩니다. 하지만 형태는 하나로 인식되더라도 색은 원래 색대로 구분해서 표현하고 싶을 수 있습니다. 그럴 경우, 해당 쉐이프를 클릭하고 [솔리드]를 클릭한 후 [여러 색]을 클릭합니다. 다음 화면에서도 하나의 집 모양 쉐이프지만, 색은 원래의 색대로 구분된 것을 볼 수 있습니다.

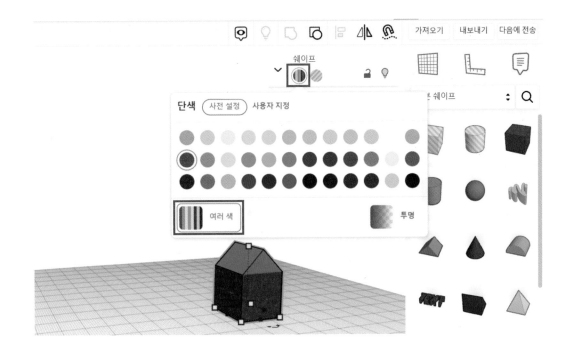

쉐이프 깎기(투명 그룹화)

이번에는 '투명 그룹화'를 통해 쉐이프를 깎아내 보겠습니다. 아래와 같이 두 쉐이프를 가져와 겹칩니다.

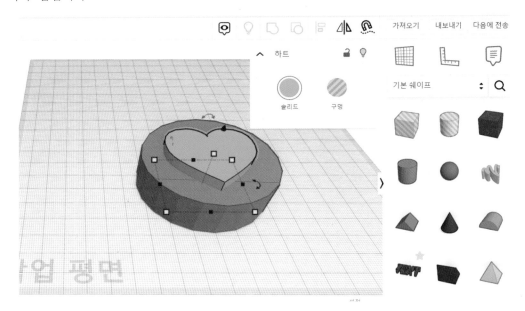

둥근 쉐이프에 하트 모양 구멍을 내보겠습니다. 하트 쉐이프만 클릭해 색깔을 [구멍]으로 바꾸어줍니다. 그럼 아래와 같이 하트 쉐이프가 투명해집니다.

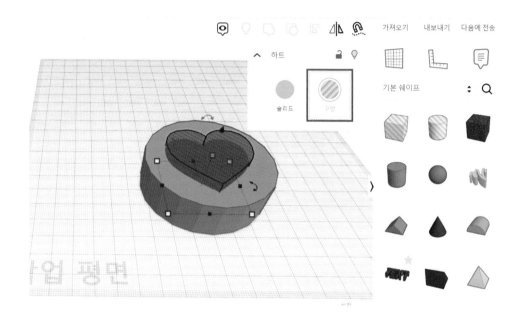

그 후 아래와 같이 두 쉐이프를 동시에 클릭해 [그룹화]합니다.

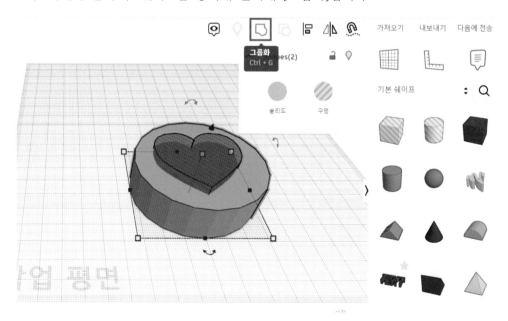

그럼 아래와 같이 하트 모양으로 깎인 하나의 쉐이프가 완성됩니다. 마찬가지로 이 도형을 클릭한 후 [그룹 해제]를 하면 원래대로 두 개의 쉐이프로 되돌릴 수 있습니다.

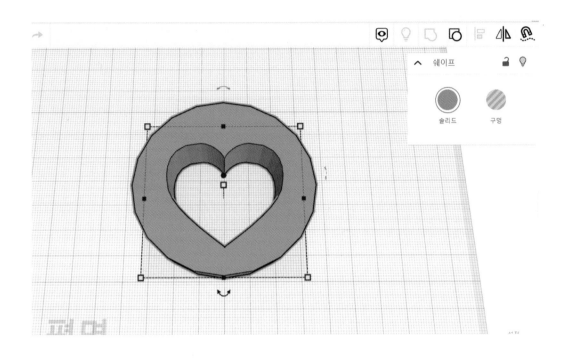

TIP

깎을 깊이를 조절하여 컵처럼 바닥이 완전히 뚫리지 않은 모형도 만들 수 있습니다.

TIP

[Scribble]이라는 기본 쉐이프가 있습니다. 이는 내가 글씨를 쓰는 대로 도형이 만들어지는 것으로 이를 이용하면 다음 그림과 같이 글자 모양으로 합치고 깎는 등 더 재미있게 꾸밀 수 있습니다.

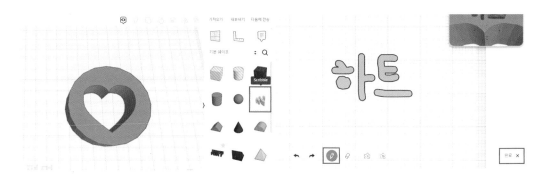

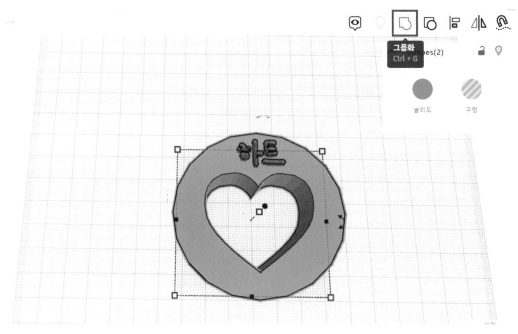

그룹화를 활용한 모형 자동차 만들기

지금까지 [그룹화]를 이용해 간단히 쉐이프를 합치고 깎는 방법을 알아보았습니다. 이를 활용하여 '모형 자동차' 만들기를 해보겠습니다. 승용차 모양을 만들기 위해서 [상자] 쉐이프를 길게 늘린 후, 앞뒤를 더 작은 [상자] 쉐이프로 각각 깎고, 바퀴를 합치는 과정으로 진행하겠습니다.

역시 제목을 먼저 바꾸고 시작합니다. 가장 먼저 긴 상자를 가져와 뼈대를 만듭니다.

그룹화를 활용한 모형 자동차 만들기

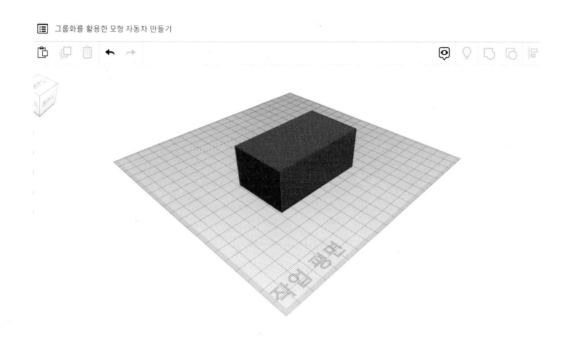

TIP

처음부터 학생들이 교사의 지도만 따라 하는 것보다, 학생들 스스로 만드는 과정을 생각할 시간을 주는 것이 좋습니다. 수업을 시작하기 전, 완성 작품을 먼저 보여줍니다. 그리고 학생들에게 어떤 과정을 거치면 이와 같은 작품이 나올지, 우리가 배운 기능을 떠올리며 생각해보게 합니다. 학생들은 생각보다 금방 방법을 찾고, 교사가 생각하지도 못한 아이디어를 내기도 합니다.

앞뒤를 깎아야 하므로 투명 상자가 필요합니다. [상자]를 가져와서 투명으로 색을 바꾸어도 되고, 투명 상자는 많이 쓰이기 때문에 기본 쉐이프에도 제공됩니다.

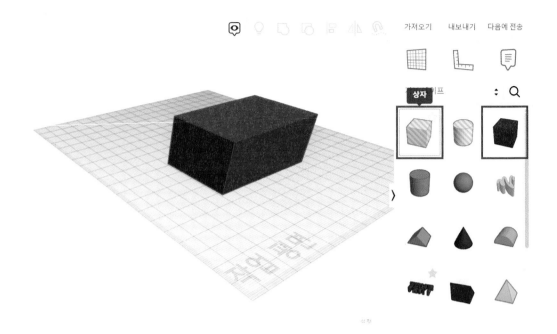

깎을 수 있도록 크기를 키워준 후 적당한 위치에 배치합니다. 똑같은 투명 상자가 두 개 쓰이므로, 왼쪽 상단의 [복사하기]나 [복제 후 반복]을 활용해도 됩니다. 그 후 세 개의 쉐이프를 모두 선택해 [그룹화]합니다.

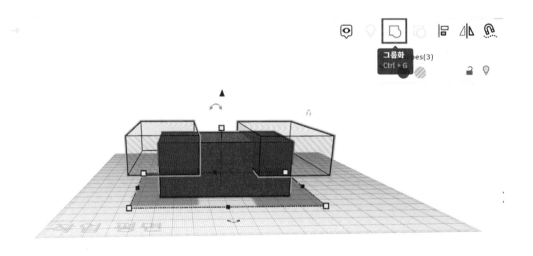

아래와 같이 깎여 자동차 모양이 되었습니다. 차체 아래에 바퀴를 추가하기 위해서 차체를 살짝 띄웁니다.

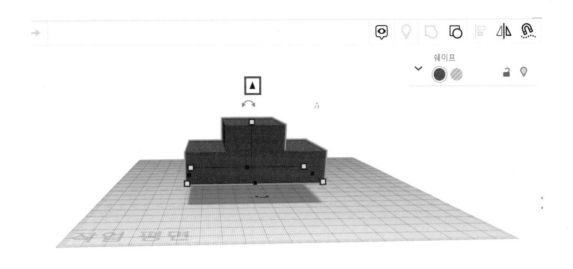

기본 쉐이프의 [튜브]나 [링] 모양으로 바퀴를 만들어도 되지만, 틴커캐드에서는 자주 사용할만한 물체 쉐이프를 제공해줍니다. [기본 쉐이프]를 클릭해 [차량 및 기계]를 클릭할 수도 있고, [쉐이프 검색]이라는 돋보기 그림을 클릭해 'wheel'이라고 직접 단어를 검색할 수도 있습니다.

TIP

제공되는 쉐이프들 중에는 크기 조절이 안 되는 쉐이프도 있습니다. 그럴 경우 다른 쉐이프를 사용하도록 합니다.

적절한 위치에 바퀴를 배치합니다. 같은 모양 바퀴를 두 개 이용할 것이므로 [복제 후 반복]을 사용하면 또다시 바퀴를 가져와 크기를 조절할 필요가 없습니다.

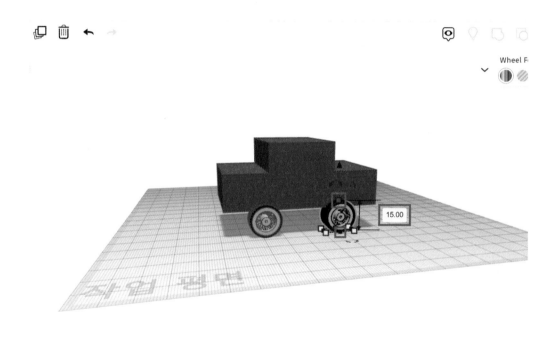

TIP

원하는 바퀴를 선택해 가져왔습니다. 바퀴는 가로, 세로의 길이가 같아야 하지요. 이럴 때 검정 네모나 회색 네모를 클릭하여 수치를 확인하고 직접 입력할 수도 있습니다. 키보드가 있다면 Shift를 클릭하여 조절해주면 비율이 고정된 채로 크기를 조절할 수 있습니다.

반대편에도 같은 크기, 같은 간격의 바퀴를 배치해야 합니다. 그래서 기존 두 개의 바퀴를 [그룹화]하여 한 번에 [복제 후 반복]하겠습니다. 같은 자리에 겹쳐져 복제되어 있으므로 하나를 옆으로 이동시켜 원하는 자리에 배치합니다.

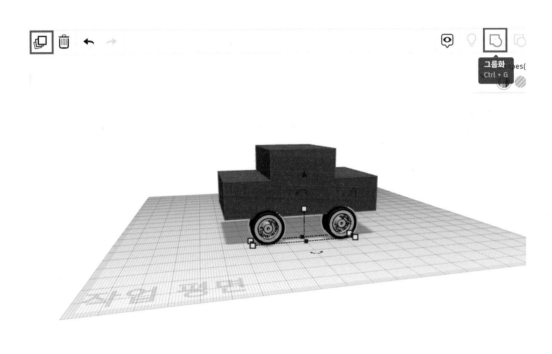

TIP

자동차 바퀴는 네 개의 바퀴가 모두 앞, 옆 간격이 일정하게 정렬되어야 합니다. 이는 3장에서 [정렬] 기능을 학습하면 더욱 완벽한 작품을 만들 수 있습니다.
바퀴와 차체가 모두 완성되면 모든 쉐이프를 클릭해 [그룹화]하여 하나의 자동차 쉐이프로 만듭니다.

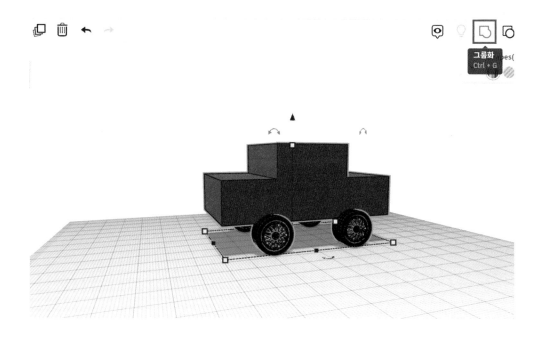

그룹화하면서 바퀴 색까지 모두 단색으로 통일된다면 앞에서 배운 것처럼 [여러 색]으로 바꾸어주면 됩니다. 모형 자동차가 완성되었습니다.

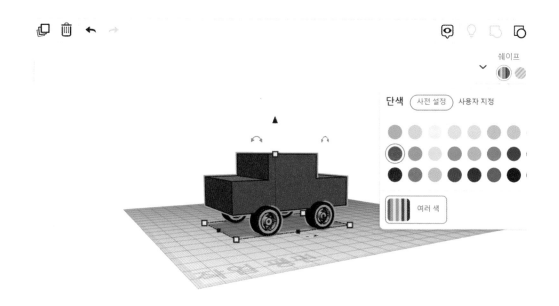

TIP

빨리 만든 학생은 [상자] 쉐이프나 [Scribble] 쉐이프 등을 이용하여 창문을 만들거나 차를 꾸밀 수 있습니다.

추가 활동: 그룹화를 활용한 트럭 만들기

시간적 여유가 된다면 트럭 만들기를 통해 그룹화 연습을 해볼 수 있습니다. 같은 방법으로 트럭도 만들어보겠습니다. [상자]와 투명 상자를 겹쳐 그룹화하여 차체를 만들어줍니다.

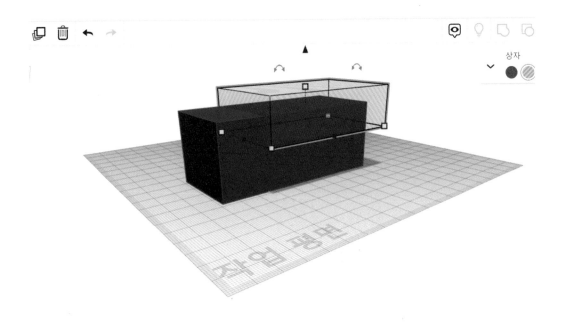

큰 니은(ㄴ) 자 모양의 차체에 오목하게 들어가 있는 짐칸 모양을 깎아줍니다. 간격이 중요하므로 [뷰 박스]를 클릭해 돌리면 편리합니다.

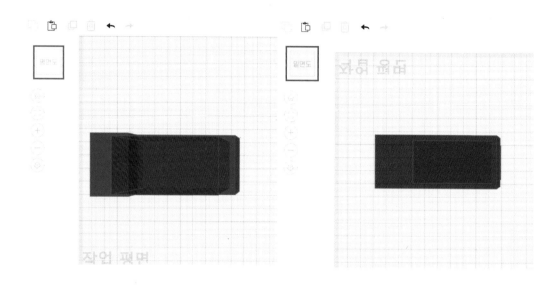

짐칸의 바닥이 뚫리면 안 되므로 적절히 높이를 조절해 배치해 준 후 두 쉐이프를 모두 클릭해 [그룹화]합니다.

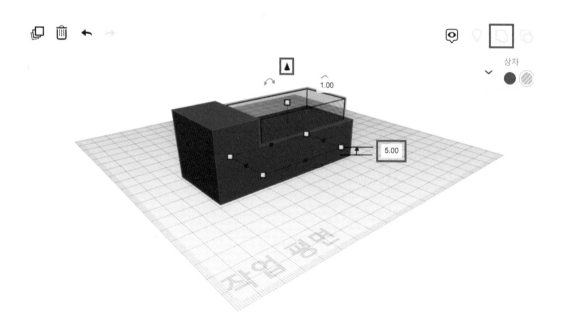

차체와 비슷한 모양이 나왔지만, 앞 유리 부분의 경사가 없어 어색합니다. 투명 상자를 회전시켜 경사를 만들어 겹쳐준 후 그룹화하여 경사를 깎습니다.

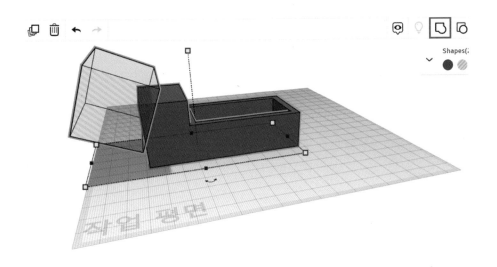

차체를 띄우고, 아까와 같이 바퀴를 배치해 완성합니다.

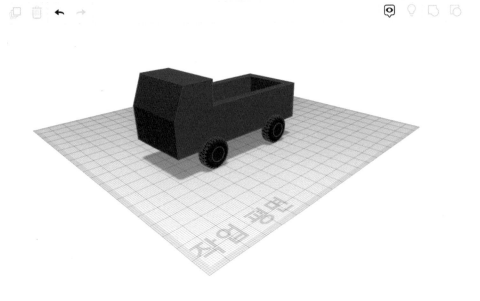

2장 3-4차시 수업
PPT QR코드

CHAPTER 03

머그컵 만들기
(정렬 배우기)

3-1 머그컵 만들기(정렬 배우기)

틴커캐드의 [정렬] 기능을 알아보면서 머그컵을 만들어보겠습니다. 틴커캐드의 정렬 기능은 일반 문서작업에서 흔히 사용하는 정렬 기능과 동일합니다. 문서 작업에서의 정렬과 차이점은 틴커캐드는 3차원의 편집이기 때문에 세 개의 측면(가로, 세로, 높이)에서 모두 정렬이 이루어진다는 점입니다. 따라서 틴커캐드의 [정렬] 기능이란, 3차원의 화면에서 쉐이프를 제작자의 의도에 맞게 일정한 배치가 되도록 다시 배열하는 일을 말합니다.

예를 들어 틴커캐드에서 도넛 모양을 만든다고 가정해봅시다. [원통]을 도넛의 빵 부분으로 사용하고, [구멍 원통]을 사용해 구멍을 뚫을 준비를 합니다.

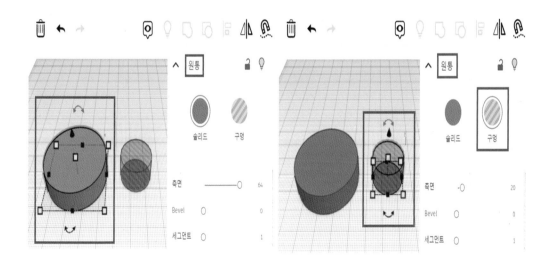

도넛 [원통]의 정가운데에 구멍을 뚫기 위해 수작업(마우스 드래그 또는 방향키)으로 [구멍 원통]을 가운데로 움직인다면 다음의 왼쪽 화면과 같이 미세한 오류가 발생합니다. 문서 작업에서 띄어쓰기만을 통해 일정한 정렬을 만들기 어려운 것과 같습니다.

하지만 '정렬' 기능을 사용하여 [원통]과 [구멍 원통]을 가운데 정렬하면, 오차 없이 정확히 배치되어 다음의 오른쪽 화면과 같이 일정한 두께의 도넛을 만들 수 있습니다.

이처럼 정렬 기능을 활용한다면 작품의 완성도가 높아질 뿐만 아니라, 실제 입체작품으로 구현되었을 때 뛰어난 내구성을 가지게 됩니다.

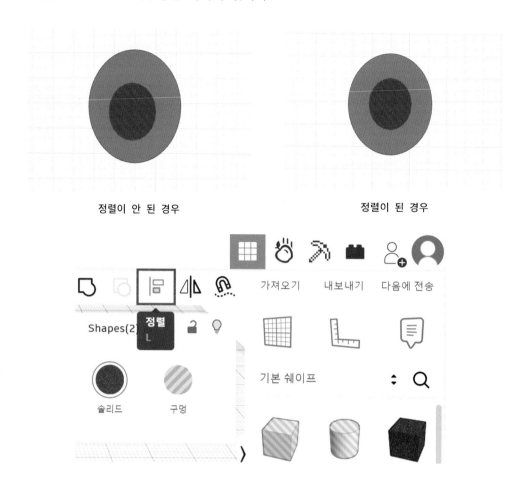

정렬이 안 된 경우   정렬이 된 경우

[정렬]은 기본적으로 복수의 쉐이프가 필요합니다. 정렬은 상대적인 값이기 때문입니다. 따라서 배열이 필요한 쉐이프를 모두 클릭한 후 틴커캐드 화면 오른쪽 위의 [정렬]을 클릭하면 실행됩니다.

지금부터 머그컵을 만들며 [정렬]에 대해 자세히 알아보겠습니다.

TIP

정렬 기능을 익히지 않고 다음 장부터 실습해도 됩니다. 하지만 정렬 기능을 익히면 더욱 세밀하게 만들기를 할 수 있습니다.

머그컵은 컵의 정가운데에 구멍이 뚫려 있어야 컵의 두께가 일정하고, 균형이 맞아 안정성 및 내구성이 높아지기 때문에 정렬을 배우기에 좋은 디자인 요소입니다.

머그컵 만들기 예시 작품

TIP

머그컵의 모양, 색깔, 손잡이의 개수는 학생들이 자유롭게 구상하여 다양하게 만들 수 있도록 안내합니다.

TIP

음료를 채워 넣은 머그컵 예시 작품 및 작품 제작 방법은 68쪽을 확인해보세요.

성취기준

[4미02-05] 조형 요소(점, 선, 면, 형·형태, 색, 질감, 양감 등)의 특징을 탐색하고, 표현 의도에 적합하게
             적용할 수 있다.

[6미02-03] 다양한 자료를 활용하여 아이디어와 관련된 표현 내용을 구체화할 수 있다.

[6미02-04] 조형 원리(비례, 율동, 강조, 반복, 통일, 균형, 대비, 대칭, 점증·점이, 조화, 변화, 동세 등)의
             특징을 탐색하고, 표현 의도에 적합하게 활용할 수 있다.

학습 목표

나만의 머그컵을 균형을 맞추어 3D로 만들 수 있다.

머그컵 만들기 2차시 수업안

도입	생활 속 다양한 머그컵 디자인 떠올리고 발표하기
	다양한 머그컵 이미지 검색하기(포털사이트, 틴커캐드 갤러리 등)
전개	교사의 시범 보며 머그컵 만들기
	꾸미기를 통해 나만의 머그컵 완성하기
정리	작품 공유 및 감상하기

머그컵 만들기

생활 속 다양한 머그컵 디자인을 떠올리고 발표하기, 다양한 머그컵 이미지 검색하기 등의 수업 도입 활동 후, 교사의 시범을 보며 머그컵 만들기를 시작합니다.

가장 먼저 제목을 [머그컵]으로 변경합니다. 머그컵의 몸통 부분은 [기본 쉐이프]의 [원통]을 사용합니다. [원통]을 작업 평면에 놓고 [원통]의 크기 및 높이도 자유롭게 늘려 줍니다.

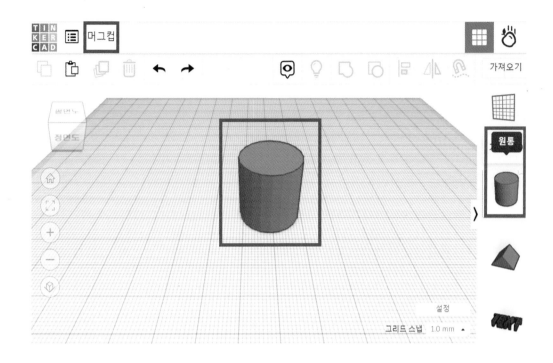

[원통]의 [측면]을 활용하여 머그컵의 옆면을 각지거나, 둥글게 디자인할 수 있습니다. 학생과 실습하는 머그컵의 기본 형태는 [측면]을 [64]로 설정하여 가장 둥글게 설정합니다.

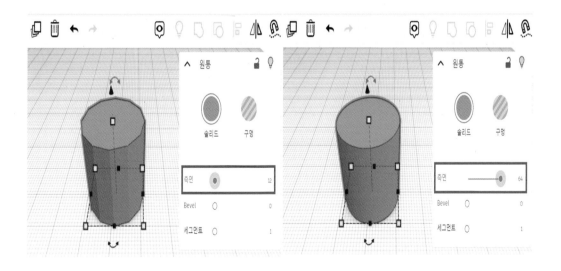

[원통]의 가운데를 구멍 내기 위해 [원통]을 [복사] 및 [붙여넣기]하고 [구멍]을 클릭합니다.
그리고 [구멍 원통]의 가로, 세로, 높이를 모두 줄여줍니다. 임의로 크기를 줄여도 되지만, 균
형을 맞춘 머그컵을 위해서 머그컵의 옆면 두께와 밑면 두께가 동일한 정확한 원이 되도록 크
기를 줄입니다.

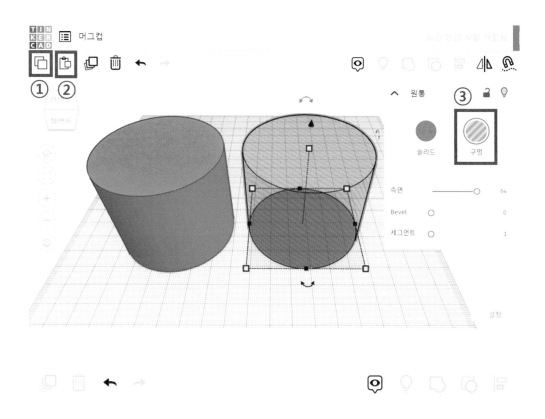

④ 복사한 [구멍 원통] 크기 줄이기

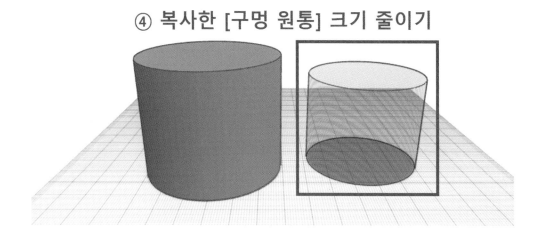

[원통]의 정가운데에 구멍을 내기 위해 [원통], [구멍 원통] 두 쉐이프를 모두 선택한 후 [정렬]을 클릭합니다.

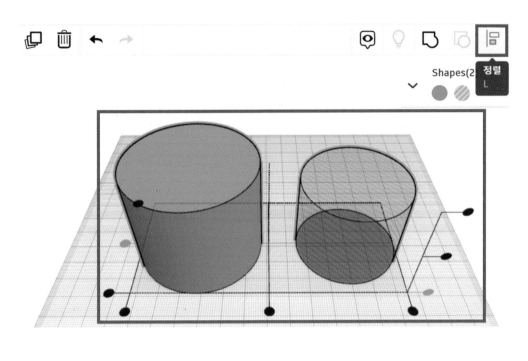

이때, 2개의 쉐이프에 9개의 점이 실행되는데 각각 가로 3개, 세로 3개, 높이 3개의 점입니다. 가로의 가운데 점에 마우스 포인터를 올리면 두 쉐이프가 정렬될 모습을 미리 보여줍니다. 두 쉐이프가 모두 가운데 정렬이 되는 것을 확인할 수 있습니다.

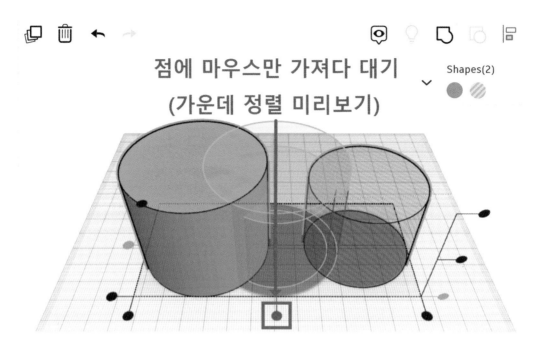

마찬가지로 가로의 가장 오른쪽 점을 클릭하면 두 쉐이프의 오른쪽 정렬이 미리 보입니다.

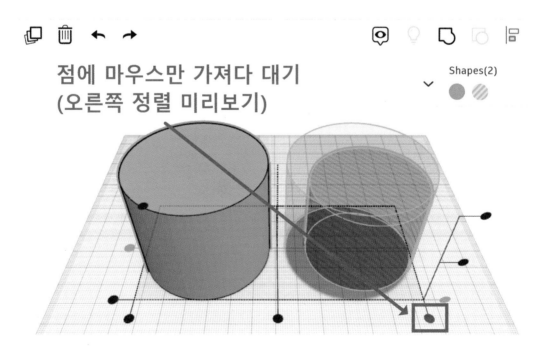

따라서 가로 3개, 세로 3개, 높이 3개 중 정렬을 희망하는 임의의 검은 점에 마우스를 가져다 대면 어떻게 정렬이 될지 미리 볼 수 있습니다.

그렇다면, 제작할 머그컵은 가로와 세로는 모두 가운데 정렬을 하고, 높이는 맨 위로 정렬을 합니다. 왜냐하면 액체를 담기 위해선 머그컵의 밑면이 필요하기 때문에 [구멍 원통]은 [원통] 높이의 가장 윗면에 맞춰져야 합니다.

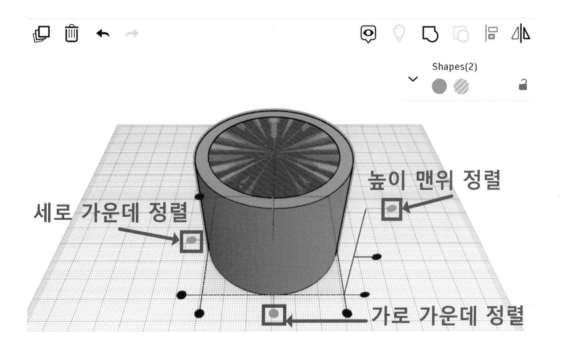

'회색 점'이 되면 해당 점을 기준으로 바르게 정렬되었다는 것을 의미합니다. '회색 점'이 올바르게 되었는지 확인하고 두 쉐이프를 선택 후 [그룹화]하여 구멍을 뚫습니다.

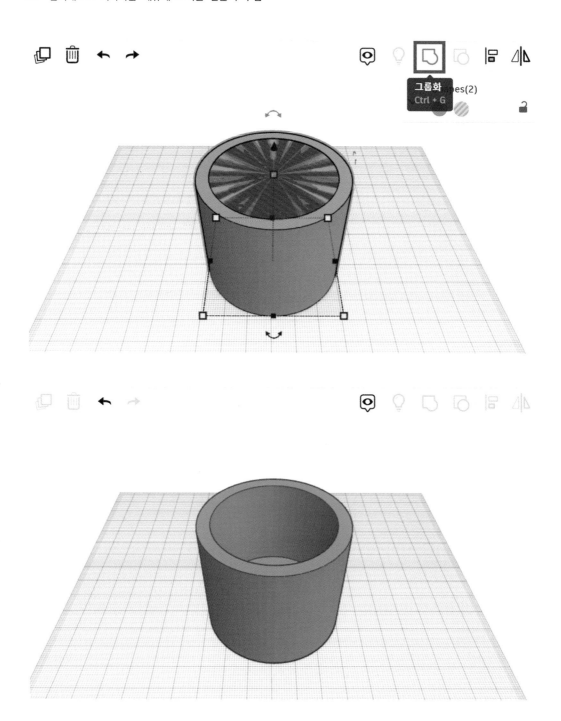

이제 [기본 쉐이프]의 [튜브] 쉐이프를 활용해 머그컵 손잡이를 만들어보겠습니다. [튜브]를 작업 평면에 놓고 원하는 크기로 조정합니다. [튜브]도 또한 [측면]을 활용해 각지거나 매끈하게 만들 수 있습니다.

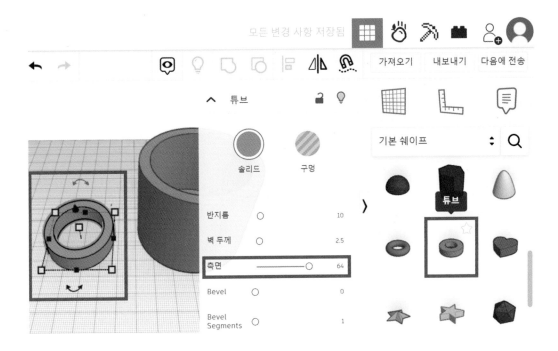

기존에 만들어놓은 [원통]에 딱 맞게 [튜브]를 잘라내기 위해, 만들어놓은 [원통]을 [복사] 및 [붙여넣기] 하여 복사본을 임시로 생성합니다.

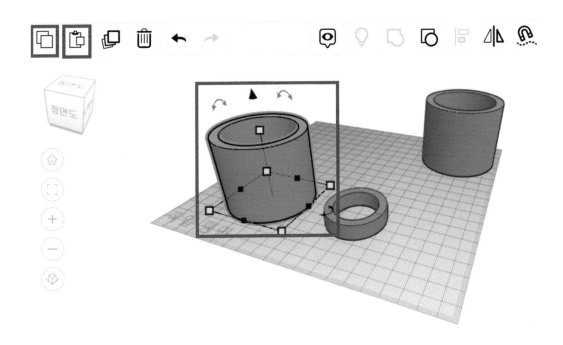

[튜브]를 회전 화살표로 90° 회전시킵니다.

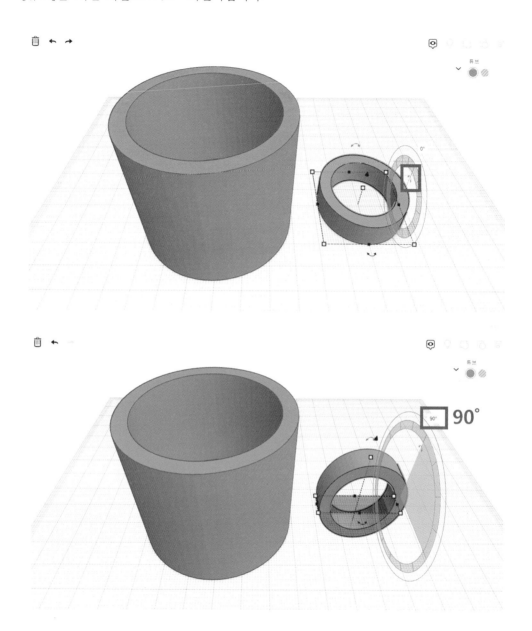

TIP

65~68쪽은 정교한 심화 정렬입니다. 기본적인 정렬 방법만 수업하실 선생님께서는 65~68쪽은 생략하셔도 됩니다. 생략하실 경우, 90° 회전시킨 [튜브]를 적당한 위치에 놓고 [구멍]과 [그룹화]를 사용하여 [튜브]를 깎아 손잡이처럼 만든 다음, 컵의 몸통 부분과 잘 붙게 이동시켜 머그컵을 만듭니다.

복사본 [원통]의 가운데 높이에 손잡이 [튜브]를 정렬해야 합니다. 복사본 [원통]과 [튜브]를 모두 선택하여 [정렬]을 클릭합니다.

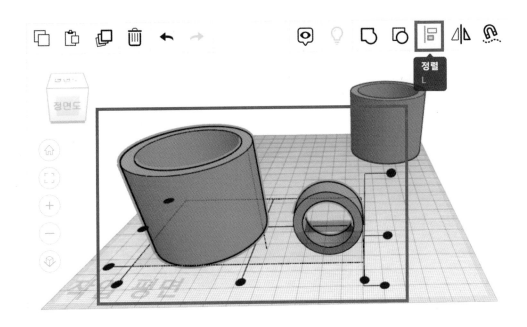

이때, 아래와 같이 높이의 가운데 점을 클릭하면 문제가 발생합니다. 무엇일까요?

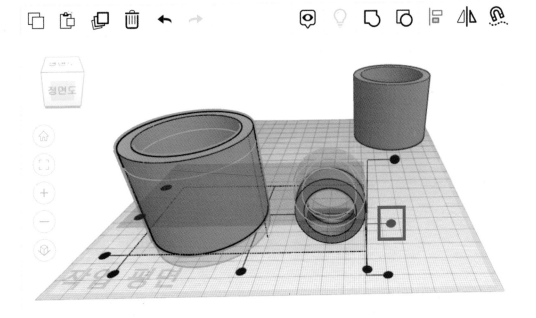

복사본 [원통]과 [튜브], 두 쉐이프가 모두 움직이며 가운데 정렬이 되는데, 두 쉐이프가 작업 평면 아래로 내려가는 문제가 생깁니다. 따라서 작업 평면으로 내려가지 않게 하려면, 복사본 [원통]은 기존 위치 그대로 두고, [튜브]만 움직여 정렬해야 합니다.

복사본 [원통]을 고정시키고 기준으로 삼는 방법은 [정렬] 실행 후, [원통]을 한 번 클릭합니다. 그러면 정렬의 점 9개가 [원통] 주변으로 형성됩니다. 이때, 높이의 가운데 점을 클릭하면 [튜브]만 움직이며 정가운데에 배치됩니다.

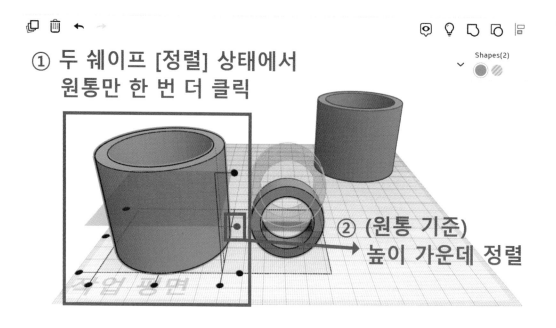

복사본 [원통]과 [튜브]의 정렬을 다음과 같이 세로 가운데, 높이 가운데로 선택합니다.

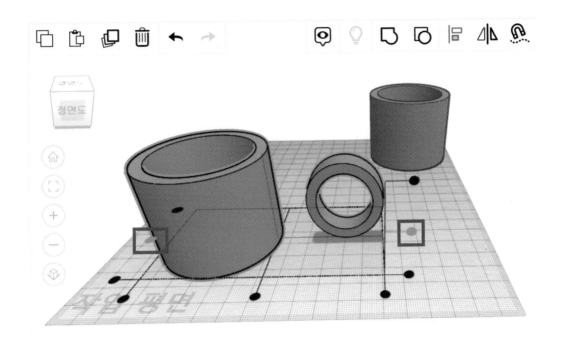

그리고 [튜브]를 키보드 방향키로 움직여 [원통]과 겹치게 합니다. 키보드가 없는 경우에
는 손으로 클릭하여 드래그합니다. 단, 세로와 높이의 위치가 최대한 움직이지 않도록 주의
합니다.

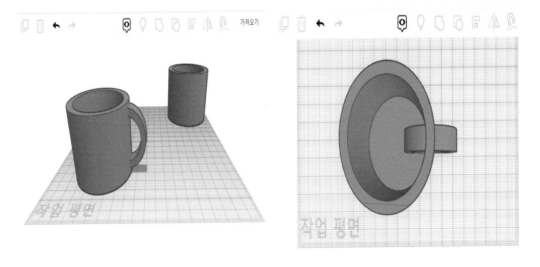

[튜브]를 [원통]에 딱 맞게 잘라봅시다. 복사본 [원통]을 [그룹 해제] 후, [구멍 원통]을
삭제합니다.

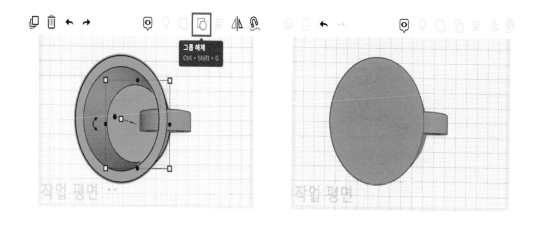

[원통]을 [구멍]으로 바꾼 뒤, 두 쉐이프를 선택하고 [튜브]와 [그룹화]합니다.

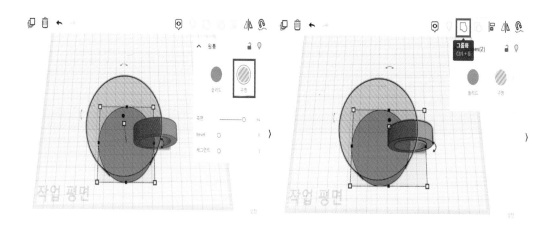

[튜브]가 [원통]의 동그란 표면에 맞게 만들어진 것을 다음과 같이 확인할 수 있습니다.

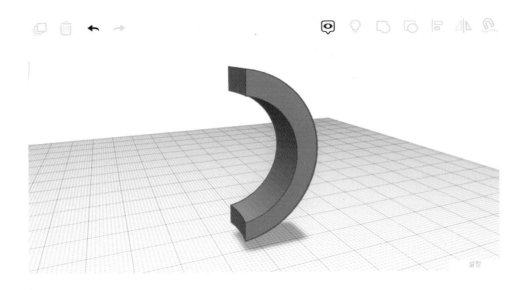

기존에 만들어놨던 [원통]과 손잡이 [튜브]를 움직여 두 쉐이프가 정확하게 만나도록 하고 [그룹화]하면 머그컵이 완성됩니다.

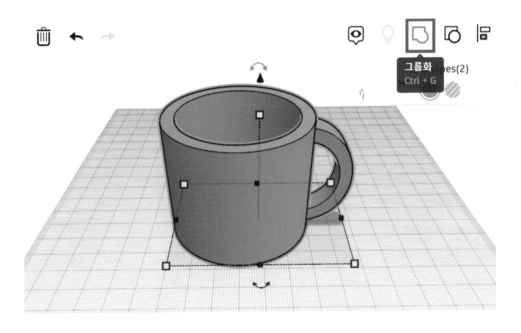

완성한 머그컵은 [솔리드]를 활용해 원하는 색상으로 바꿔 꾸며봅니다. 완성한 머그컵을 공유 및 감상하며 수업 정리 활동을 합니다.

3-2 이런 수업도 할 수 있어요! 머그컵에 음료 채우기

　　음료 채우기 활동은 머그컵 만들기 수업을 더 다채롭게 만들 수 있는 콘텐츠입니다. 머그컵 만들기를 일찍 끝낸 학생들에게 추가 과제로 제공하거나 학급 상황에 맞춰 1차시로 확보해도 됩니다. 음료 채우기 활동은 학생들이 [정렬] 기능이 필요한 부분을 스스로 탐색하고 활용할 수 있습니다. 또한 자신이 원하는 음료를 자유롭게 꾸미고 채워 넣으면서 학생 개개인의 창의성, 독창성을 발휘할 수 있습니다. 뿐만 아니라 다양한 작품을 학생들과 함께 감상하며 미적감수성을 더 깊게 내면화할 수 있는 활동입니다.

예시 작품

머그컵 안에 넣을 음료는 [원통]을 활용합니다. 만약 머그컵의 모양이 예시와 다르다면, 머그컵 몸통 부분을 만들 때 사용한 동일한 쉐이프를 활용합니다.

이때, 머그컵 안에 음료를 꽉 채우기 위해 [원통]은 [구멍 원통]과 가로, 세로의 크기를 같게 조정합니다. 높이는 음료를 채우고 싶은 만큼 조정합니다.

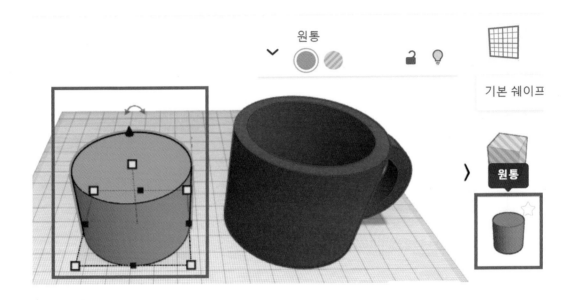

머그컵에 [정렬] 또는 키보드 방향키 또는 화면 드래그를 활용해 넣습니다.

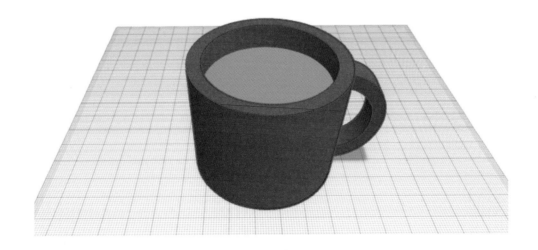

[솔리드]에서 원하는 음료의 색깔로 [원통]의 색깔을 자유롭게 변경합니다. 음료 안에 들어가는 토핑이 있다면 자유롭게 넣고 꾸밀 수 있도록 교사가 다양한 예시 자료를 제공합니다.

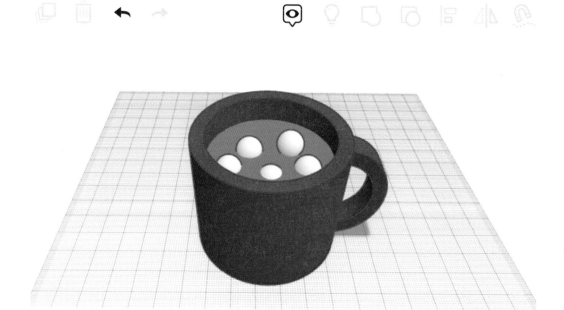

제작한 모든 쉐이프를 복수 선택하고 [그룹화]하여 완성합니다. 완성한 작품을 공유 및 감상하며 수업 정리 활동을 합니다.

3장 수업
PPT QR코드

CHAPTER 04

모델링 없이 쉽게 만들기(1)
- 가구

4-1 가구 만들기

틴커캐드를 활용하여 학생들과 '가구'를 디자인해보겠습니다. 학생들은 아침에 침대에서 일어나 식탁 앞에서 의자에 앉아 식사를 한 후 등교를 합니다. 그리고 가족들과 소파에 앉아 TV를 시청하기도 하며 옷장과 서랍장에서 자신이 맘에 드는 옷을 고르기도 합니다. 이처럼 '가구'는 교실, 집 등 학생들이 생활하는 공간에서 쉽게 접할 수 있는 3D 디자인 주제입니다.

가구의 첫 번째 제작 목적은 사람이 생활하는 공간과 방식을 편리하게 만드는 것입니다. 학생들은 자신이 생활하는 공간 속에 있는 가구들을 사용하면서 느꼈던 불편함과 더 발전되었으면 하는 점들을 생각하며 디자인을 구상할 수 있습니다. 가구의 두 번째 제작 목적은 공간을 아름답게 구성하는 것입니다. 편리함뿐만 아니라 공간을 차지하고 있는 가구들의 조화로움 속에서 느껴지는 아름다움을 생각하며 학생들은 가구를 디자인할 수 있습니다.

가구의 제작 목적들을 생각하며 가구를 디자인할 때, 학생들은 관찰과 상상을 통해 아이디어를 떠올려 표현 주제를 구체화할 수 있습니다. 그리고 조형 요소의 어울림을 통해 조형 원리를 이해하고 주제 표현에 연결시킬 수 있습니다.

수업 후반부에는 학생들이 자신만의 아이디어를 곁들여 만든 가구들을 서로 공유하고 감상하는 활동과 제작한 가구로 직접 방을 꾸미는 추가 활동을 진행합니다.

가구 디자인 예시 작품

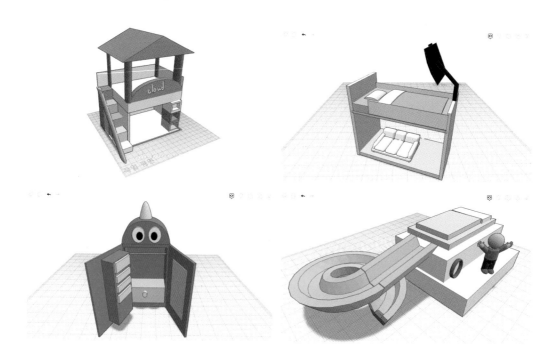

성취기준

[4미01-03] 생활 속에서 다양하게 활용되고 있는 미술을 발견할 수 있다.

[6미02-03] 다양한 자료를 활용하여 아이디어와 관련된 표현 내용을 구체화할 수 있다.

[6실05-04] 다양한 재료를 활용하여 창의적인 제품을 구상하고 제작한다.

학습 목표

생활 속의 가구에서 조형 요소의 특징을 탐색하여 창의적인 가구를 구상하고 3D로 만들 수 있다.

가구 만들기 2차시 수업안

도입	주변에서 볼 수 있는 가구 떠올리기
	다양한 가구 이미지 검색하기(포털사이트, 틴커캐드 갤러리 등)
전개	나만의 가구 만들기 계획서 작성하기
	계획한 대로 나만의 가구 만들기
정리	작품 공유 및 감상하기

어떠한 주제의 만들기에도 적용하기

4장에서는 생활 속의 다양한 가구 종류를 떠올리면서 학생들의 창의성을 발현시키기 위해 교사의 모델링을 따라 해보는 모델링 제작 수업은 진행하지 않습니다.

아래의 수업 과정을 익히면, 가구 만들기뿐 아니라 건축물 만들기, 나만의 로고 만들기 등 다양한 만들기 수업들을 모델링 없이 진행할 수 있습니다. 다만, 학생들의 의도가 담긴 멋진 결과물을 만들기 위해서는 아래와 같은 절차를 거치는 것을 추천합니다.

검색하기
(틴커캐드 갤러리,
포털사이트 이미지 검색)

구상하기
(구상 학습지 활용)

틴커캐드로 만들기

공유 및 감상
(Padlet이나
띵커벨보드 등 활용)

* 본 그림에는 S-Core에서 제공한 에스코어 드림 폰트가 적용되어 있습니다.

구체적으로 한 단계 한 단계 살펴봅시다. 물론 선생님께서 편하신 대로 위 절차를 생략 및 수정하셔서 활용하셔도 좋습니다.

검색하기

가구를 디자인하기 전 아이디어를 얻기 위하여 검색을 활용합니다. 검색은 다음 두 가지 방법을 활용합니다.

1) 틴커캐드 갤러리 검색

틴커캐드 메인 화면에서 [갤러리]를 클릭합니다. 혹은 바로 오른쪽 위에 보이는 [돋보기]
버튼을 클릭하여 찾고 싶은 대상을 검색합니다. 단, 영어로 검색하도록 합니다.

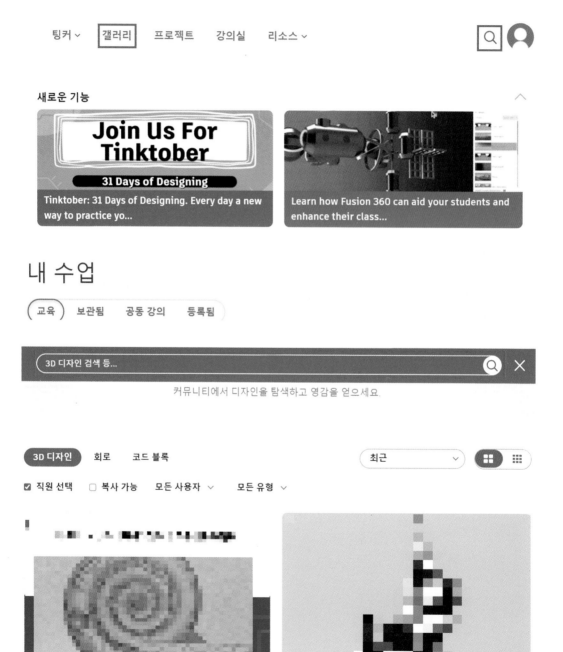

출처 – 틴커캐드(검색한 이미지는 모자이크 처리함)

가구를 검색하기 위하여 'furniture', 'bed', 'chair' 등을 검색합니다.

출처 - 틴커캐드(검색한 이미지는 모자이크 처리함)

2) 포털사이트 검색

핸드폰, 태블릿 등을 활용하여 가구를 검색합니다. '가구'를 검색해도 좋고, '의자', '침대' 등 구체적인 가구의 이름을 적어 검색합니다.

출처 - 네이버 검색(검색한 이미지는 모자이크 처리함)

구상하기

가구를 제작하기 전 학습지를 활용하여 아이디어를 떠올리고 가구를 구상해봅니다. 먼저, 내가 디자인할 가구를 정합니다. 그리고 가구의 전체적인 모습을 스케치해봅니다. 마지막으로 가구를 디자인한 이유를 적어 구상 학습지를 완성합니다.

나만의 가구를 디자인 해 봅시다

(   ) 소등학교 (   )학년 (   )반 (   )

---

1. 내가 디자인할 가구에 ○표시 해봅시다.

침대, 의자, 식탁, 책상, TV장, 책장, [   ]

---

2. 위에서 선택한 가구를 스케치 해봅시다.

---

3. 위와 같이 가구를 만든 이유는 무엇인가요?

예) 침대가 꼭 사각형일 필요는 없다고 해서 동그랗게 만들었다. 끝 쪽이 뽀족하지 않아 다칠 일이 적다.

---

4. 직접 틴커캐드로 디자인 해봅시다.

TIP

앞에서 언급하였듯이 주제를 바꾸어 활동을 진행할 경우, 학습지의 일부를 수정하여 사용하면 됩니다.

학생이 구상한 예시는 아래와 같습니다.

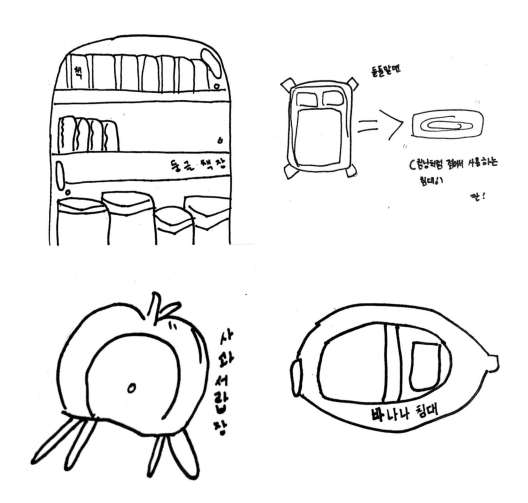

틴커캐드로 만들기

설계를 마친 후, 학생들이 직접 틴커캐드의 다양한 쉐이프를 활용하여 가구를 제작합니다. 학생들이 틴커캐드를 제작할 때, 교사의 역할은 아래와 같습니다.

1) 기본 쉐이프 활용 방법 안내

학생들이 가구를 디자인할 때, [기본 쉐이프]를 적극적으로 활용할 수 있도록 지도합니다. [상자], [원통], [튜브] 등을 활용하여 가구의 부품들을 제작할 수 있음을 알려줍니다. 예를 들어, 의자의 얇고 긴 다리는 [상자]의 가로와 세로를 줄이고 높이를 늘려 만들 수 있습니다.

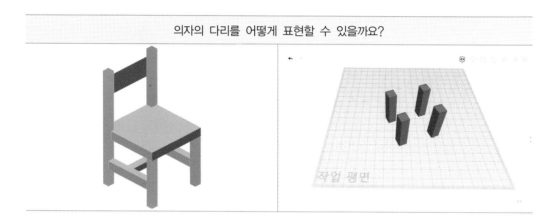

의자의 다리를 어떻게 표현할 수 있을까요?

2) 다른 학생들의 작품 제작 과정 소개

학생들이 가구를 디자인하다 보면 정말 창의적인 방법을 활용하기도 합니다. 학생들의 작품 제작 과정을 수시로 살펴보면서 다른 학생들에게 도움이 될만한 제작 방법을 중간에 소개해주어 학생들이 다양한 방법을 활용할 수 있도록 도움을 줍니다.

공유 및 감상

완성한 가구 디자인을 함께 공유합니다. 학생들은 자신의 작품을 보여주고 싶어 하고, 다른 친구들과 공유하고 서로 생각을 나누는 활동에 흥미가 있습니다. 또한, 자신이 미처 생각하지 못했던 아이디어를 얻으며 생각의 폭이 넓어지는 장점이 있습니다. 작품을 공유하는 방법은 두 가지가 있습니다.

1) 틴커캐드 디자인 탭

첫 번째 방법은 선생님과 함께 [수업] 탭-[반] 클릭-[디자인] 탭에서 각 학생들의 디자인을 하나씩 살펴보는 방법입니다. 아래는 선생님께서 보시는 화면입니다.

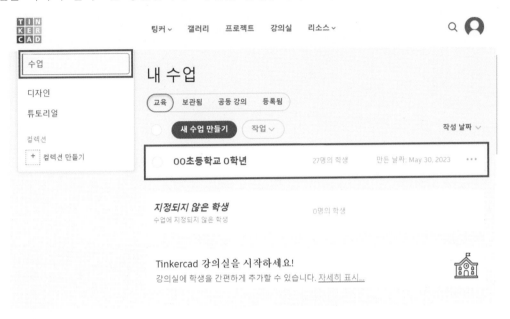

2) 공유 플랫폼 활용(패들렛, 띵커벨 보드 등)

각자의 작품을 패들렛, 띵커벨 보드 등 작품을 공유할 수 있는 에듀테크 사이트에 올립니다. 학생들의 작품을 한눈에 보기 쉽고, 서로의 작품을 보며 감상평을 남길 수 있다는 장점이 있습니다.

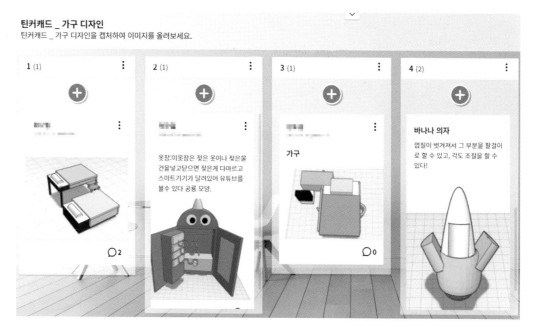

출처 – 띵커벨

TIP

잔여 시간에 따라 감상 시간을 조절하면 됩니다. 수업 시간이 충분히 남는 경우 감상 시간으로 넉넉히 활용합니다. 예를 들어 일부 작품들은 왜 그렇게 만들었는지 발표도 해보고, 구상 학습지를 함께 살펴볼 수도 있습니다. 시간이 부족한 경우, 발표는 생략하고 업로드한 작품들을 살펴보거나 틴커캐드 디자인 탭에 있는 친구들의 작품을 살펴보게만 합니다.

4-2 수업 더하기: 나만의 방 만들기

　이번 활동은 4장 활동에서 제작한 가구를 활용하여 수업을 진행합니다. 하지만 앞 활동을 진행하지 않고 처음부터 '가구'가 아닌 '나만의 방'을 주제로 수업을 할 수도 있습니다.

　먼저, 앞에서 제작한 가구를 활용하여 나만의 방을 꾸며봅니다. 가구를 디자인하는 것에서 확장하여 가구를 배치하고 꾸며보며 공간을 만들어봅니다. 틴커캐드의 [쉐이프]들 중 활용할 수 있는 가구 쉐이프들도 함께 활용하며 다채롭게 방을 꾸며봅니다.

성취기준

[4미01-03] 생활 속에서 다양하게 활용되고 있는 미술을 발견할 수 있다.

[6미02-03] 다양한 자료를 활용하여 아이디어와 관련된 표현 내용을 구체화할 수 있다.

[6실05-04] 다양한 재료를 활용하여 창의적인 제품을 구상하고 제작한다.

학습 목표

창의적인 나만의 방을 구상하고 3D로 만들 수 있다.

나만의 방 만들기 2차시 수업안

도입	주변에서 볼 수 있는 방의 모습 떠올리기
	다양한 방 이미지 검색하기(포털사이트, 틴커캐드 갤러리 등)
전개	나만의 방 만들기 계획서 작성하기
	계획한 대로 나만의 방 만들기
정리	작품 공유 및 감상하기

나만의 방 만들기 예시 작품

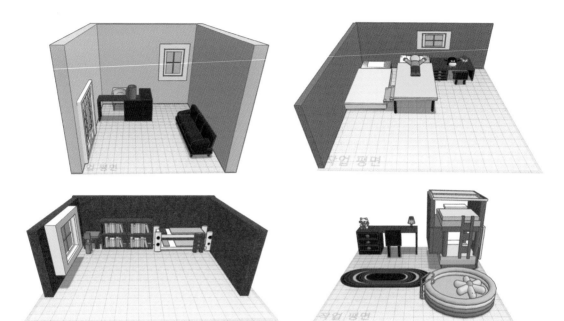

4장 수업
PPT QR코드

4장 학습지
QR코드

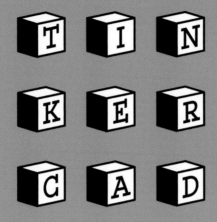

CHAPTER 05

모델링 없이 쉽게 만들기(2)
- 미래의 수송 수단

미래의 수송 수단 만들기

틴커캐드를 활용하여 학생들과 '미래의 수송 수단'을 디자인해보겠습니다. '수송 수단'이란 사람이나 동물, 물건 등을 원하는 곳으로 이동시켜주는 수단을 뜻합니다. 학생들은 생활 속에서 수송 수단을 아주 밀접하게 이용하고 있습니다. 예를 들어, 엘리베이터를 타고 층을 이동하거나, 자전거 또는 자동차를 타고 등교하기도 합니다. 또, 버스나 지하철과 같은 대중교통을 타기도 합니다. 이렇게 '수송 수단'은 학생들의 삶 속에서 매우 쉽게 접할 수 있는 3D 디자인 주제입니다.

미래 수송 수단의 첫 번째 제작 목적은 효율적으로 사람이나 동물, 물건 등을 원하는 곳으로 이동시키기 위함입니다. 학생들은 그동안 사용했던 수송 수단들의 단점을 찾아 디자인을 구상할 수 있습니다. 예를 들어, 수송 수단의 에너지원인 화석 연료 때문에 환경오염이 심각해지는 단점을 떠올립니다. 이를 해결하기 위해 신재생 에너지를 활용한 수송 수단을 디자인할 수 있습니다. 또, 현재의 수송 수단으로는 이동할 수 있는 공간에 한계가 있다는 단점을 생각하여, 미지의 공간까지 탐험할 수 있는 수송 수단을 디자인할 수도 있습니다.

미래 수송 수단의 두 번째 제작 목적은 미래 사회의 변화를 예측하여 작품을 만들면서 창의적 사고력과 독창성을 함양하는 것입니다. 학생들은 미래 사회의 모습을 예상하며 다양하고 새로운 재료를 활용해, 독창적인 작품을 구상할 수 있습니다.

수업 후반부에는 학생들이 제작한 미래 수송 수단이 육상(땅), 해상(물), 우주·항공(우주 및 하늘) 중 어느 공간에서 사용되는지 정하고, 정한 공간에 맞게 배경을 꾸미도록 추가 활동을 운영할 수 있습니다.

미래의 수송 수단 예시 작품

성취기준

[4미01-03] 생활 속에서 다양하게 활용되고 있는 미술을 발견할 수 있다.

[4미02-01] 미술의 다양한 표현 주제에 관심을 가질 수 있다.

[4미02-02] 주제를 자유롭게 떠올릴 수 있다.

[6미02-03] 다양한 자료를 활용하여 아이디어와 관련된 표현 내용을 구체화할 수 있다.

[6실04-04] 수송과 수송 수단의 의미를 알고, 수송 수단의 기본 요소를 설명한다.

[6실05-03] 생활 속에 적용된 발명과 문제해결의 사례를 통해 발명의 의미와 중요성을 이해한다.

[6실05-04] 다양한 재료를 활용하여 창의적인 제품을 구상하고 제작한다.

학습 목표

수송 수단의 특징을 탐색하고, 독창적인 미래 수송 수단을 구상하여 3D로 만들 수 있다.

미래의 수송 수단 2차시 수업안

도입	수송 수단을 이용했던 경험이나 주변에서 볼 수 있는 수송 수단 떠올리기
	수송 수단의 기본 요소 복습하기
전개	나만의 미래 수송 수단 계획서 작성하기
	계획한 대로 나만의 미래 수송 수단 만들기
정리	작품 공유 및 감상하기

　5장에서는 4장과 마찬가지로 미래의 수송 수단을 떠올리면서 학생들의 창의성을 최대한 발휘하기 위해 교사의 모델링을 따라 해보는 모델링 제작 수업은 진행하지 않습니다.

　4장에서는 맨 처음 틴커캐드 갤러리, 포털사이트 이미지 검색을 하는 과정이 있었지만, 본 수업에서는 검색 과정을 생략하려고 합니다. 왜냐하면 미래의 수송 수단은 예시 작품을 보면 볼수록 상상력이 닫힐 수 있기 때문입니다. 예를 들어, 하늘을 나는 자전거를 예시 작품으로 보여주면 하늘을 나는 자전거 작품을 그대로 따라 하는 학생들이 생길 수 있기 때문입니다. 선생님들께서도 상황에 따라 수업 흐름을 변형하여서 수업에 유동적으로 활용하는 것을 추천드립니다.

미래 수송 수단을 시각화하여 디자인하기 어려워하는 학생들이 있다면, 미래 수송 수단을 소개하는 영상을 보여주면 도움이 됩니다. 단, 똑같이 디자인하기보다 변형 요소를 넣도록 지도합니다.

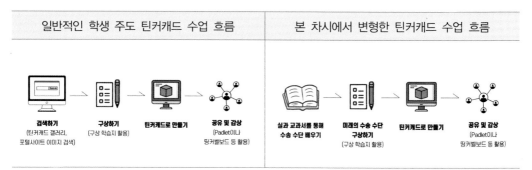

일반적인 학생 주도 틴커캐드 수업 흐름	본 차시에서 변형한 틴커캐드 수업 흐름
검색하기 (틴커캐드 갤러리, 포털사이트 이미지 검색) → 구상하기 (구상 학습지 활용) → 틴커캐드로 만들기 → 공유 및 감상 (Padlet이나 띵커벨보드 등 활용)	실과 교과서를 통해 수송 수단 배우기 → 미래의 수송 수단 구상하기 (구상 학습지 활용) → 틴커캐드로 만들기 → 공유 및 감상 (Padlet이나 띵커벨보드 활용)

* 본 그림에는 S-Core에서 제공한 에스코어 드림 폰트가 적용되어 있습니다.

TIP

미래 수송 수단은 5학년 실과 교육과정에 포함되어 있습니다. 해당 교육과정이 아닌 미술 시간에 활용하는 경우, 수송 수단이 무엇인지 간단하게 익히고 수업 진행하는 것을 추천드립니다.

구상하기

도입 활동으로 수송 수단을 이용했던 경험이나 주변에서 볼 수 있는 수송 수단을 떠올립니다. 더불어 지난 실과 시간에 학습했던 수송 수단의 기본 요소를 복습하고 수업을 시작합니다. 미래 수송 수단을 제작하기 전, 학습지를 활용하여 아이디어를 떠올리고 미래 수송 수단을 스케치하여 구상합니다. 구상하기 전이나 스케치를 완성한 후 미래 수송 수단의 이름을 정합니다. 스케치를 바탕으로 수송 수단의 기본 요소인 구동 장치, 조향 장치, 제동 장치는 무엇으로 할지 정합니다. 예를 들어, 구동 장치는 태양열판, 조향 장치는 적외선 센서를 활용한 AI 기계(자동 방향 조정), 제동 장치는 수동 브레이크 또는 적외선 센서를 활용한 AI 기계(자동 브레이크) 등으로 정할 수 있습니다. 어디에서 어떤 용도로 미래 수송 수단을 활용할지 기능과 특징을 적어 학습지를 완성합니다.

TIP

초등학교 3~4학년 학생들과 수업을 하는 경우, 기본 요소인 구동 장치, 조향 장치, 제동 장치에 대한 설명은 하지 않고 상상력만을 이용해 디자인하도록 안내합니다. 다음의 학습지도 간단하게 수정하여 활용하면 됩니다.

실과 5-2	미래의 수송 수단 상상해보기	( )학교 ( )학년 ( )반 이름: ( )

★ '미래의 수송 수단'을 상상하여 그림으로 나타내고, 상상한 '미래 수송 수단'의 기본 요소와 특징을 적어 봅시다.

	이름		
	기본 요소	구동 장치	
		조향 장치	
		제동 장치	
	기능 및 특징		

TIP

앞에서 언급하였듯이 주제를 바꾸어 활동을 진행할 경우, 학습지의 일부를 수정하여 사용하면 됩니다.

학생이 구상한 예시는 아래와 같습니다.

틴커캐드로 만들기

학습지로 스케치 및 설계를 마친 후, 학생들이 직접 틴커캐드의 다양한 쉐이프를 활용하여 미래 수송 수단을 제작합니다. 학생들이 틴커캐드를 제작할 때, 교사의 역할은 다음과 같습니다.

1) 기본 쉐이프 활용 방법 안내

학생들이 미래 수송 수단을 디자인할 때, [기본 쉐이프]를 적극적으로 활용할 수 있도록 지도합니다. 수송 수단은 사람, 동물, 물건 등을 이동시키는 수단이기 때문에 항상 무언가를 담을 공간이 필요합니다. 따라서 [상자], [원통], [튜브] 등 [기본 쉐이프]를 활용하여 구멍을 뚫어 물체를 담을 수 있는 공간을 제작할 수 있도록 안내합니다. 예를 들어, [상자] 속에 구멍 [상자]를 사용하여 구멍을 만들면 [상자] 안에 물체를 담을 수 있는 공간이 만들어집니다.

상자 안에 공간을 만들려면 어떻게 해야 할까요?

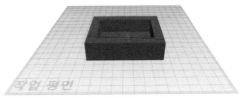

| [차량 및 기계] 중 [roller coaster car] | [기본 쉐이프]의 [상자]와 구멍 [상자] 활용 |

더불어 물체를 담고 안전하게 이동하기 위해선 수송 수단이 밀폐 공간으로 구성되어야 합니다. 이때, 유리 덮개와 같은 것들이 활용될 수 있음을 안내하고 이것 또한 [기본 쉐이프]를 다양하게 변형하여 제작할 수 있도록 지도합니다. 예를 들어 만든 공간의 덮개로 [기본 쉐이프]의 [원형 지붕]을 사용합니다. 유리의 재질로 표현하기 위해 [솔리드]의 [투명]을 활용할 수 있습니다.

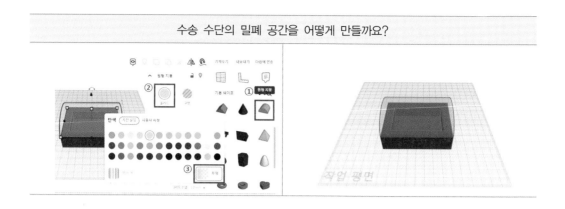

수송 수단의 밀폐 공간을 어떻게 만들까요?

2) 다른 학생들의 작품 제작 과정 소개

학생들이 미래 수송 수단을 설계하다 보면 정말 창의적인 방법을 활용하기도 합니다. 학생들의 작품 제작 과정을 수시로 살펴보면서 다른 학생들에게 도움이 될만한 제작 방법을 중간에 소개해주어 학생들이 다양한 방법을 활용할 수 있도록 도움을 줍니다.

3) 수송 수단의 기본 요소 설계 안내

수송 수단의 용도가 물체의 효율적 이동인만큼, 이동할 때 꼭 필요한 기본 요소가 삽입될 수 있도록 안내합니다. 예를 들어, 미래 수송 수단을 구동시키기 위해 어떤 에너지를 사용할지, 그때 어떤 기본 요소를 활용할지 구체화하고 3D 디자인에 구현시키도록 지도합니다.

공유 및 감상

완성한 미래 수송 수단 디자인을 함께 공유 및 감상하며 수업 정리 활동을 합니다. 학생들은 자신의 작품을 보여주고 싶어 하고, 다른 친구들은 어떻게 만들었는지 궁금해하기 때문에 서로의 생각을 공유하고 나누는 활동에 흥미가 있습니다. 또한, 자신이 미처 생각하지 못했던 아이디어를 다른 친구들의 작품을 통해 얻으며 생각의 폭이 넓어지는 장점이 있습니다. 작품을 공유하는 방법은 두 가지가 있습니다.

1) 틴커캐드 디자인 탭

첫 번째 방법은 선생님과 함께 [수업] 탭-[반] 클릭-[디자인] 탭에서 각 학생들의 디자인을 하나씩 살펴보는 방법입니다. 선생님의 주도하에 학생들과 공유하기 때문에, 완성도 높은 사례를 보여주며 작품을 만들고 있는 다른 학생들에게 긍정적인 영감을 줄 수 있습니다.

2) 공유 플랫폼 활용(패들렛, 띵커벨 보드 등)

각자의 작품을 패들렛, 띵커벨 보드 등 작품을 공유할 수 있는 플랫폼에 올립니다. 이때 교사는 학생들이 자신의 작품을 캡처하여 업로드할 때, 자신의 작품 이름 및 기능과 특징까지 정리하여 업로드하도록 지도합니다. 학습지에 정리한 작품의 특징을 적어서 올리면 학생이 본인 작품을 발표할 때, 자신의 작품을 보다 더 구체적이고 일목요연하게 설명하기 쉽습니다. 다른 학생들은 친구들의 작품을 감상할 때, 단순히 이미지만 보는 것이 아니라 설명과 함께 설계자의 의도까지 살펴볼 수 있습니다. 또한, 학습적인 측면에서 배웠던 수송 수단의 기본 요소(이론) 등을 복습할 수 있습니다.

에듀테크 사이트는 학생들의 작품을 한눈에 보기 쉽고, 서로의 작품을 보며 구체적인 감상평을 남길 수 있다는 장점이 있습니다. 또, 모든 학생들이 동시에 감상평을 작성할 수 있어서 발표하는 것보다 시간을 훨씬 단축할 수 있습니다.

출처 - 띵커벨

5-2 수업 더하기: 수송 수단의 사용 공간 꾸미기

앞에서 제작한 수송 수단이 사용되는 공간을 정하고 알맞게 꾸며봅니다. 수송 수단은 육상 수송 수단, 해상 수송 수단, 우주·항공 수송 수단으로 나뉩니다. 따라서 자신이 제작한 수송 수단을 어디에서 이용할지 정하여 실감 나게 공간을 만들어봅니다. 틴커캐드의 [쉐이프]들 중 [구조물 및 풍경 쉐이프]를 함께 활용하면 다채롭게 공간을 꾸밀 수 있습니다.

성취기준

[4미01-03] 생활 속에서 다양하게 활용되고 있는 미술을 발견할 수 있다.

[4미02-01] 미술의 다양한 표현 주제에 관심을 가질 수 있다.

[4미02-02] 주제를 자유롭게 떠올릴 수 있다.

[6미02-03] 다양한 자료를 활용하여 아이디어와 관련된 표현 내용을 구체화할 수 있다.

학습 목표

나만의 미래 수송 수단이 사용되는 공간을 3D로 꾸밀 수 있다.

수송 수단의 사용 공간 꾸미기 1차시 수업안

남은 시간 활용	미래 수송 수단 종류 구분하기 (육상 수송 수단, 해상 수송 수단, 우주·항공 수송 수단 중 1개 이상 선택)
	수송 수단의 사용 공간 꾸미기

수송 수단의 공간 꾸미기 예시 작품

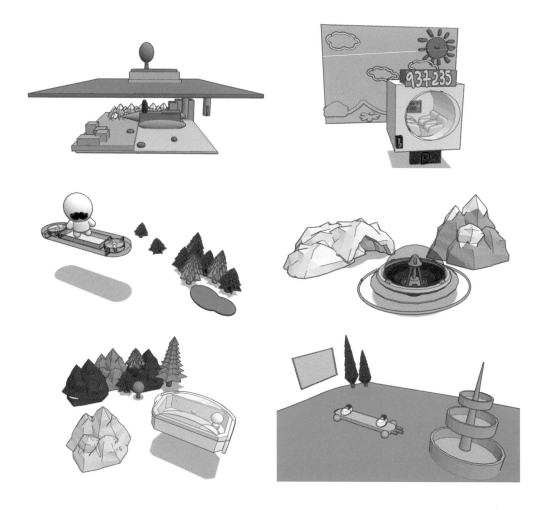

5장 수업
PPT QR코드

5장 학습지
QR코드

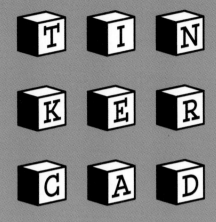

CHAPTER 06

주택 만들기

6-1 주택 만들기

주택 만들기 수업은 '가족과 함께 살 집'이나 '지구환경을 지키는 에너지 제로 하우스'와 같은 다양한 주제로 확장시켜 활용할 수 있습니다. 또한 본 장의 예시처럼 주택뿐 아니라 여러 학년에 등장하는 '건축물 만들기' 수업도 가능합니다.

주택을 만들기 전 주제 일기(주제: 가족과 함께 살고 싶은 집 상상하기)나 포털사이트 검색 등으로 아이디어 탐색 시간을 충분히 제공하면 더욱 효과적입니다. 또한 계획서 학습지에 스케치한 주택을 보고 교사가 피드백을 제공하면 더욱 완성도 높은 작품이 나옵니다.

나만의 주택 만들기 예시 작품

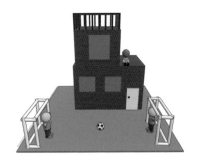

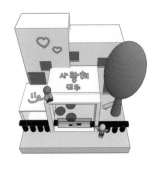
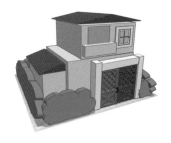

성취기준

[4미02-04] 표현 방법과 과정에 관심을 가지고 계획할 수 있다.

[4미02-05] 조형요소(점, 선, 면, 형·형태, 색, 질감, 양감 등)의 특징을 탐색하고, 표현 의도에 적합하게 적용할 수 있다.

[6미02-03] 다양한 자료를 활용하여 아이디어와 관련된 표현 내용을 구체화할 수 있다.

학습 목표

우리 가족과 함께 살고 싶은 주택을 3D로 만들 수 있다.

주택 만들기 2차시 수업안

도입	우리 가족과 함께 살고 싶은 주택 발표하기
	다양한 주택 이미지 검색하기(포털사이트, 틴커캐드 갤러리 등)
전개	주택 만드는 방법 시범 보이기
	나만의 주택 만들기 계획서 작성하기
정리	계획한 대로 나만의 주택 만들기

주택 만들기

우리 가족과 함께 살고 싶은 주택을 발표하기, 다양한 주택의 이미지 검색하기 등의 수업 도입 활동 후, 교사의 시범을 보며 주택 만들기를 시작합니다.

제일 먼저 제목을 '주택 만들기'로 변경합니다. 그리고 주택의 잔디밭을 만들기 위해 작업 평면에 [상자]를 가져옵니다. 작업 평면에 상자를 낮고 넓게 펴고 [솔리드]를 잔디밭 색으로 수정합니다.

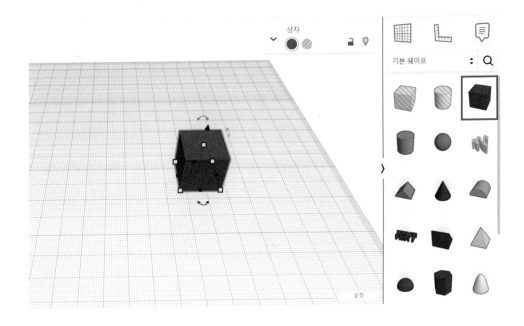

그 후 주택의 모습을 만들기 위해 작업 평면에 [상자]를 가져옵니다. 계획한 주택의 모습에 맞게 색과 크기를 다음과 같이 적절하게 변경합니다.

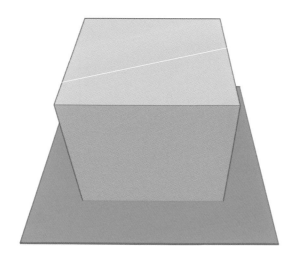

상자를 깎아 주택을 2층처럼 보이게 만들겠습니다. 상자를 가져온 뒤 [솔리드]를 '구멍'으로 변경하거나 구멍으로 된 [상자]를 가져온 뒤 적절하게 크기를 조절합니다. 그리고 아래 순서대로 그룹화를 하여 2층 주택의 모습에 맞게 만들 수 있습니다.

1) 첫 번째 그룹화 전

2) 첫 번째 그룹화 후

3) 두 번째 그룹화 전

4) 두 번째 그룹화 후

다음으로 출입문을 만듭니다. 출입문은 [상자]를 활용하여 만들고, [반구]를 활용하여 문고리를 달아줍니다.

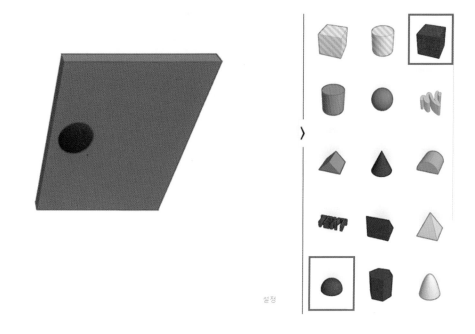

주택의 창문은 [상자]를 얇게 만들고 [솔리드]를 하늘색으로 바꾸어 창문처럼 만들어줍니다.

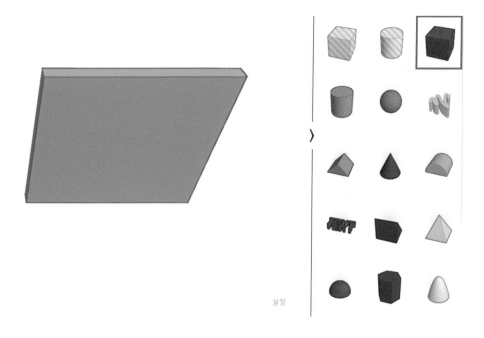

그 후 주택 설계에 맞게 적절히 창문과 문을 배치합니다.

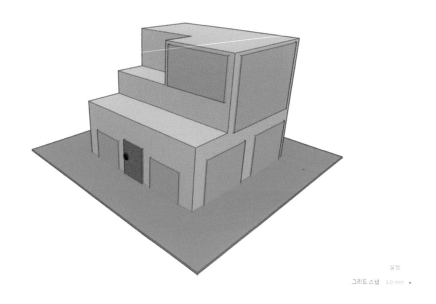

위의 창문과 문보다 더 완성도 높은 작품을 만들고 싶으면 우측 [돋보기] 버튼을 클릭해 window와 door를 검색하면 다음과 같이 이미 만들어져 있는 쉐이프를 활용할 수도 있습니다.

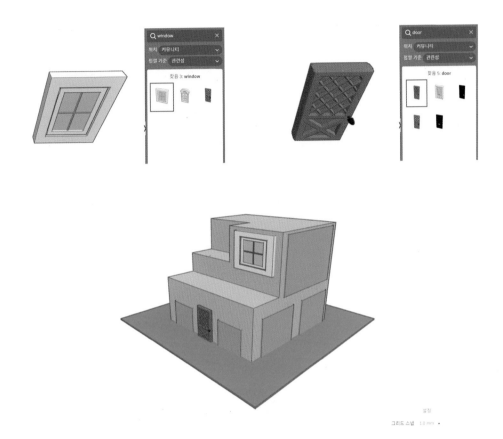

다음으로 주택 위에 지붕을 만듭니다. [원통]을 4개 활용하여 지지대를 만들고 [지붕]을
올립니다.

TIP
지지대를 세울 때 3장에서 배운 '정렬'을 활용하면 더욱 정교하게 만들 수 있습니다.

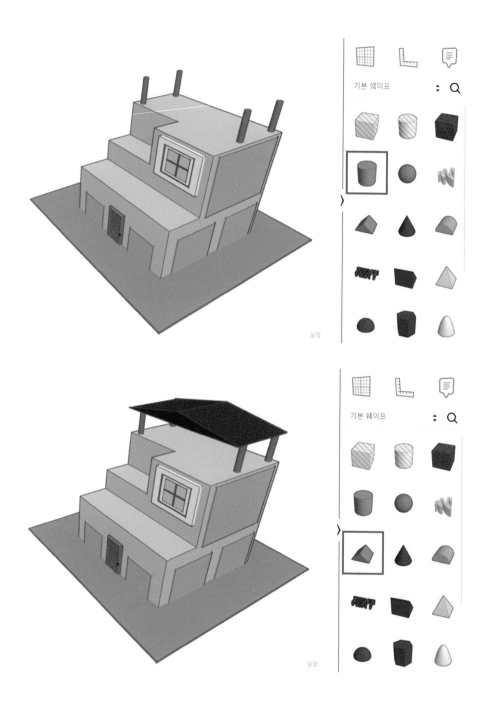

그다음 설계자의 의도에 맞게 주택을 꾸밉니다.

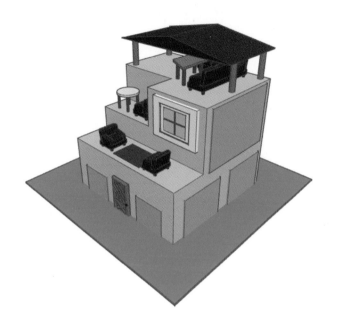

위 의자와 테이블 등은 모두 우측 [돋보기]에 'chair', 'table', 'couch'라고 검색하여 나온 쉐이프들을 활용한 것입니다.

이후 주택의 정문을 만듭니다. 정문은 [상자]를 활용하여 만들 수 있습니다. [상자]를 작업 평면으로 가져온 후 색을 수정합니다.

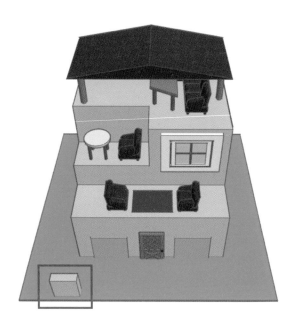

　　아래 빨간색의 각도 조절 아이콘을 클릭하여 정문의 각도를 조정한 후 2~3개 정도를 추가하여 움직이는 문으로 표현합니다.

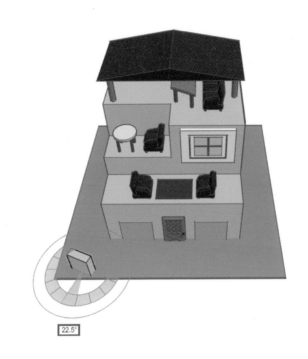

 그 후 주택 근처를 벽으로 막으면 주택이 완성됩니다. 벽은 [상자]를 활용하여 색을 수정한 후 사용할 수 있습니다.

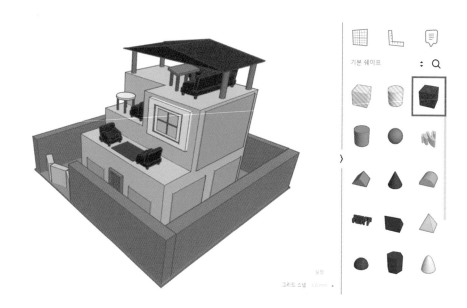

더 완성도 있는 작품을 만들고 싶다면 우측 [돋보기]에 'wall'이라 검색해 쉐이프를 선택한 후 주변을 둘러주면 아래와 같이 주택이 완성됩니다.

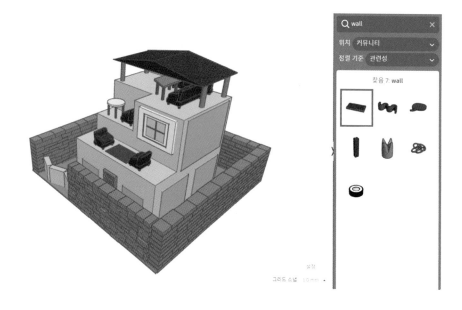

위와 같이 교사의 시범과 함께 주택을 만들었다면, 본격적으로 '나만의 주택 만들기 계획서'를 작성하고 계획서에 따라 나만의 주택을 만드는 활동을 진행합니다. 그 후 작품을 공유 및 감상하며 수업 정리 활동을 합니다.

수업 더하기: 원하는 건축물 만들기

주택 만들기를 하였다면 다음 수업에선 원하는 건물을 만들어보는 활동을 할 수 있습니다. 주택 만들기 활동을 하지 않아도 바로 원하는 건물을 만드는 활동을 할 수도 있습니다. 미래 학교의 모습을 상상하여 표현하거나 진로 교육과 연계하여 미래 나의 직업을 상상하며 카페와 같은 공간을 만들 수도 있습니다.

성취기준

[4미02-04] 표현 방법과 과정에 관심을 가지고 계획할 수 있다.

[4미02-05] 조형요소(점, 선, 면, 형·형태, 색, 질감, 양감 등)의 특징을 탐색하고, 표현 의도에 적합하게 적용할 수 있다.

[6미02-03] 다양한 자료를 활용하여 아이디어와 관련된 표현 내용을 구체화할 수 있다.

학습 목표

나만의 건물을 3D로 만들 수 있다.

원하는 건축물 만들기 2차시 수업안

도입	전 차시 학생들의 주택 디자인 발표하기
	다양한 건물 디자인 검색하기(포털사이트, 틴커캐드 갤러리)
전개	나만의 건물 디자인 계획서 작성하기(학교, 카페 등)
	계획한 대로 나만의 건물 만들기
정리	작품 공유 및 감상하기

원하는 건축물 만들기 예시 작품

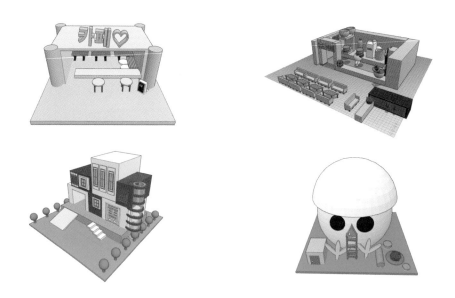

이런 수업도 할 수 있어요 ①: 에너지 제로 하우스

창의적 체험 활동이나 환경 관련 주간 등에 활용할 수 있는 수업입니다. 혹은 교과서에도
환경을 생각하는 미술이 주제로 나와있는 경우도 많습니다. 본 수업은 에너지 제로 하우스

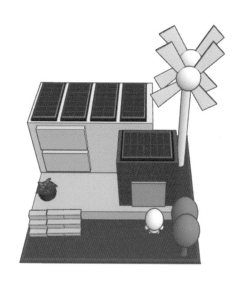

에 대해 알아보고, 이를 설계 및 제작해보는 차시입니다. 태양열 판넬이나 풍력 발전기 등을 주택에 추가하여 에너지 제로 하우스를 표현할 수 있습니다.

이런 수업도 할 수 있어요 ②: 빌딩형 건물

다음 장에서 배울 Ctrl+D [복제 후 반복] 기능을 활용하면 아래 예시 작품처럼 빌딩형 건물도 쉽게 만들 수 있습니다.

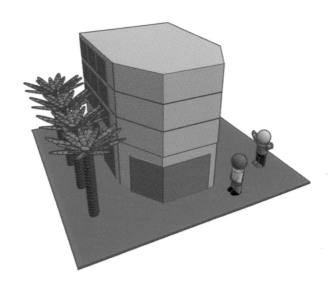

6장 수업
PPT QR코드

6장 학습지
QR코드

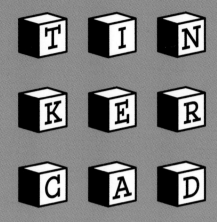

CHAPTER 07

_____

케이크 만들기

_____

틴커캐드로 시작하는 에듀테크 미술 만들기 수업

7-1 케이크 만들기

케이크 만들기는 초코 케이크, 생크림 케이크, 딸기 케이크 등 좋아하는 케이크를 원하는 대로 꾸밀 수 있고, 만들기 쉬운 것에 비해 결과물의 수준이 높기 때문에 학생들이 좋아하는 수업 중 하나입니다. 특히 국어 교과와 연계하여 마음을 전달하는 편지를 쓰고, 그 마음을 케이크로 표현하는 수업으로 구성하면 훌륭한 프로젝트 수업으로 전개할 수 있습니다. 또한 Ctrl+D [복제 후 반복] 기능을 적용하기에도 적합합니다.

케이크 만들기 예시 작품

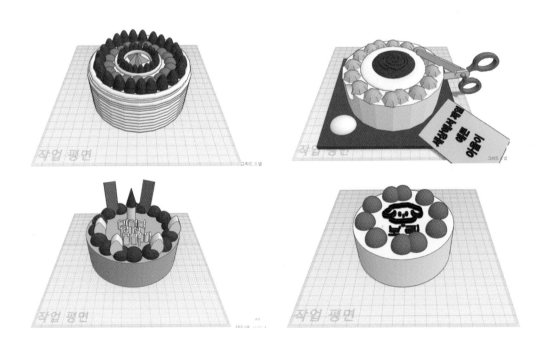

성취기준

[4미02-04] 표현 방법과 과정에 관심을 가지고 계획할 수 있다.

[4미02-05] 조형요소(점, 선, 면, 형·형태, 색, 질감, 양감 등)의 특징을 탐색하고, 표현 의도에 적합하게 적용할 수 있다.

[6미02-03] 다양한 자료를 활용하여 아이디어와 관련된 표현 내용을 구체화할 수 있다.

학습 목표

나만의 원형 케이크를 3D로 디자인할 수 있다.

케이크 만들기 2차시 수업안

도입	내가 좋아하는 케이크 발표하기
	다양한 케이크 이미지 검색하기(포털사이트, 틴커캐드 갤러리 등)
전개	교사의 시범 보며 케이크 만들기
	나만의 원형 케이크 계획서 작성하기
정리	계획한 대로 나만의 원형 케이크 만들기

케이크 만들기

제목을 [케이크 만들기]로 변경한 뒤, 케이크 시트에 쓰일 [원통]을 작업 평면으로 가져옵니다.

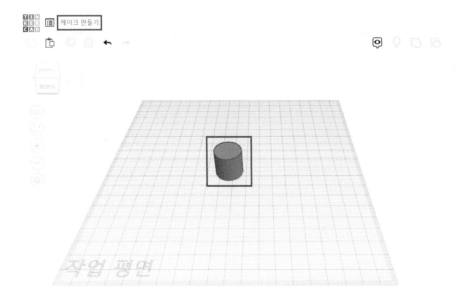

그리고 케이크 시트의 크기를 정합니다. 가로 [100], 세로 [100], 높이는 [10]으로 정한 후 측면은 [64]로 설정합니다. [솔리드]를 클릭해 색상도 변경합니다. 물체 크기를 명시하는 이유는 마지막에 케이크를 덮을 원통을 추가해야 하기 때문입니다.

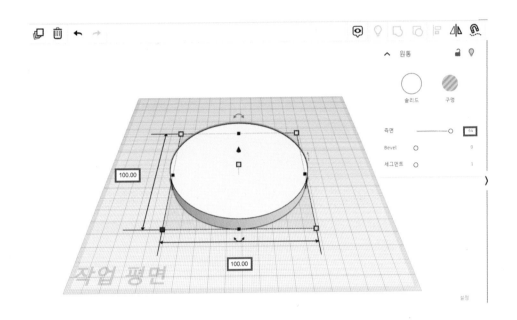

TIP

케이크 시트의 크기는 자유롭게 설정해도 좋습니다. 다만 마지막에 케이크를 덮을 [원통]의 크기 역시 그에 맞춰 제작하면 됩니다.

이제 케이크 시트 위에 올려줄 딸기를 만듭니다. 작업 평면에 [기본 쉐이프]의 [포물면]을 가져옵니다.

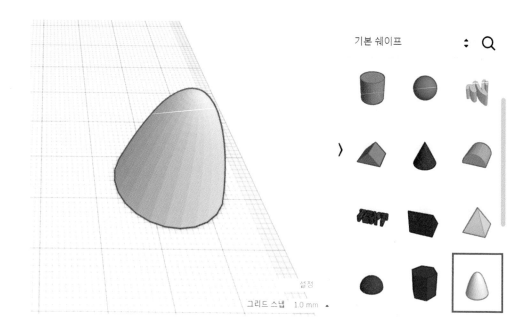

[구멍 상자]를 2개 배치한 후 3개의 쉐이프를 모두 [그룹화]하여 딸기 슬라이스 모양으로 만듭니다.

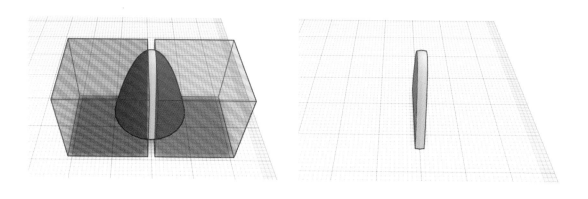

그 후 딸기 슬라이스에 맞게 [솔리드]를 클릭해 색상도 변경합니다. 시트 위에 수평으로 눕힐 수 있도록 각도를 알맞게 변경한 후 케이크 시트에 다음과 같이 배치합니다.

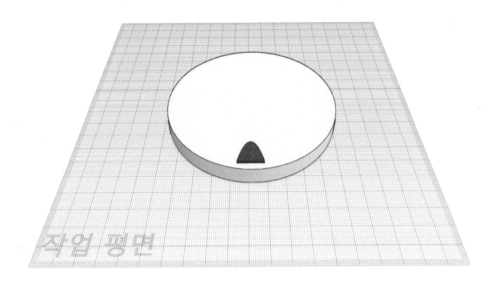

이제 케이크 시트를 딸기 슬라이스로 채웁니다. 이때 [복제 후 반복(Ctrl+D)] 기능을 활용하면 보다 쉽고 정갈하게 할 수 있습니다. 우선 잘린 [포물면]을 클릭한 후 아래 화면 왼쪽 상단의 [복제 후 반복]을 클릭합니다. 그러면 눈에 보이지 않지만 해당 물체와 겹쳐서 복제된 물체가 추가 생성됩니다.

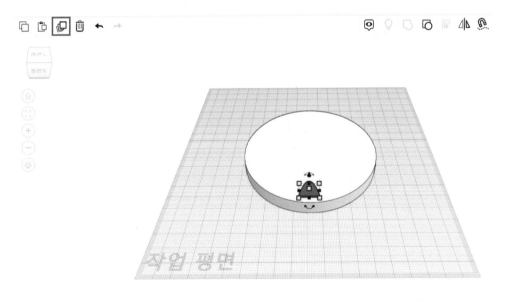

그 후 잘린 [포물면] 중 1개를 아래와 같이 이동시킵니다.

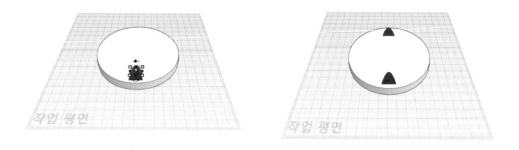

그다음 새로 생성된 딸기 슬라이스를 다음과 같이 180°로 각도를 조정해 마주 보게 눕힙니다.

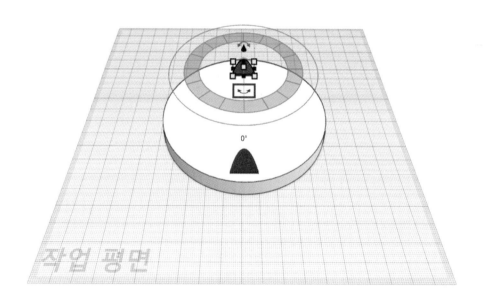

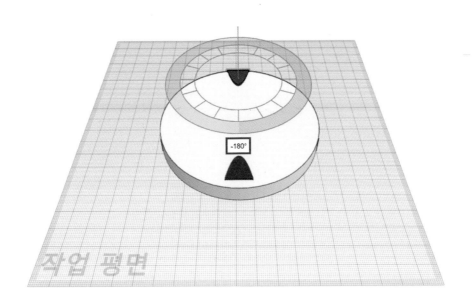

다음으로 [포물면] 쉐이프 2개를 [그룹화]를 합니다.

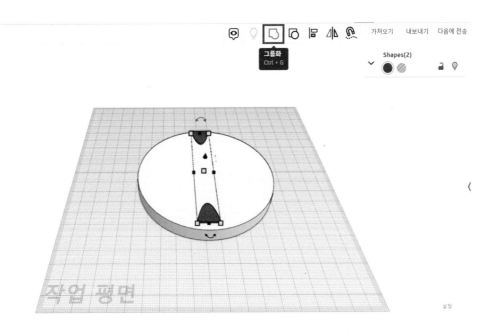

　그룹이 된 두 개의 [포물면]을 선택한 후 좌측 상단의 [복제 후 반복] 버튼을 누릅니다. 그러면 보이지 않지만, 그 위에 1개의 그룹이 추가로 생성됩니다.

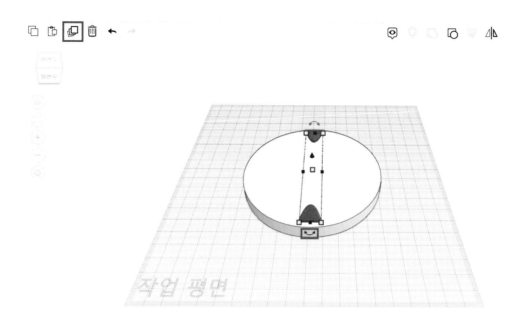

위 그림의 [화살표 모양]을 클릭하여 아래 그림과 같이 각도를 조절하여 추가로 생성된 그룹을 옮깁니다.

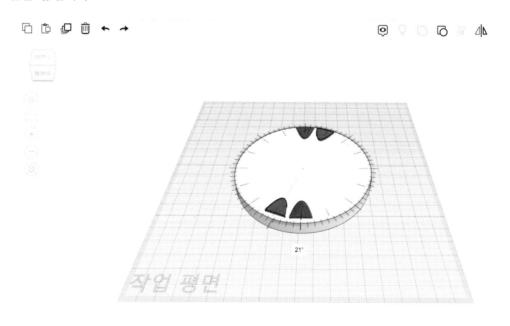

그다음 [복제 후 반복] 버튼을 눌러 처음에 설정한 각도와 거리로 옮기는 것을 반복합니다.

TIP

[복제 후 반복]이 아닌 [복사] 기능을 사용한다면 [붙여넣기]를 하는 과정에서 아래와 같이 쉐이프가 옮겨지게 됩니다. 그래서 각도를 바꿀 때 의도한 바로 되지 않고 각도가 틀어지게 됩니다.

각도와 거리를 일일이 수정하면 괜찮으나 시간이 많이 소요되기 때문에 [복제 후 반복] 기능을 활용하는 게 좋습니다.

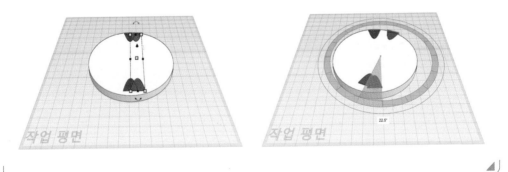

케이크 시트와 딸기를 모두 선택한 후 [그룹화]를 합니다. 이제 케이크 시트 1개를 완성하였으니 [복제 후 반복] 기능을 활용하여 원하는 만큼 케이크 시트를 늘립니다. 아래의 그룹화된 케이크 시트 1개를 [복제 후 반복] 버튼을 눌러준 후 추가로 생성된 1개의 시트를 적절한 높이만큼 올립니다.

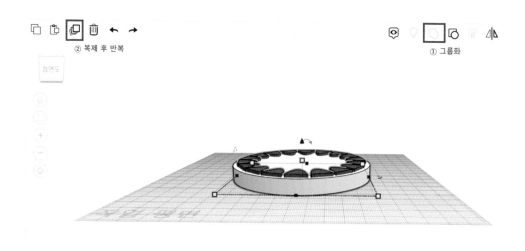

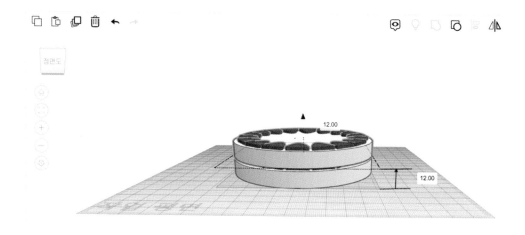

그 후 [복제 후 반복] 버튼을 눌러 처음 설정한 높이대로 계속해서 같은 시트를 복제하여 생성합니다. 3~4개 정도의 시트가 적절하므로 3개로 만듭니다. 만약 아래와 같이 특정 시트의 색을 바꾸고 싶다면 그 시트의 [그룹화]를 [그룹 해제]한 후 [솔리드]를 클릭해 원하는 색으로 변경한 후 다시 [그룹화]를 하면 됩니다.

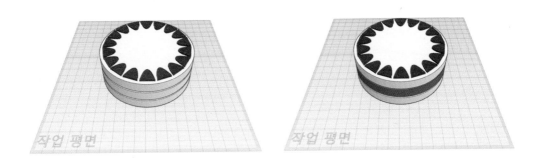

최종으로 생성된 케이크 시트를 덮습니다. [원통] 하나를 가져와 가로 [103], 세로 [103], 높이 [38], 측면 [64]로 설정합니다. 그리고 [솔리드]를 클릭해 원하는 색으로 바꿉니다.

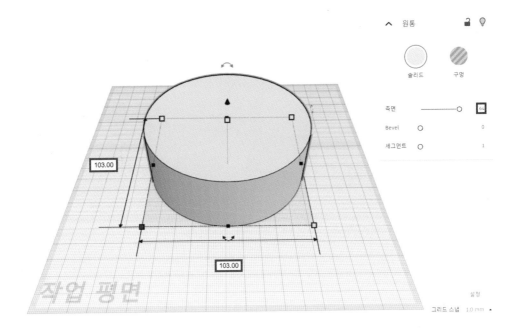

이후 원통과 케이크 시트를 [정렬]하여 겹칩니다.

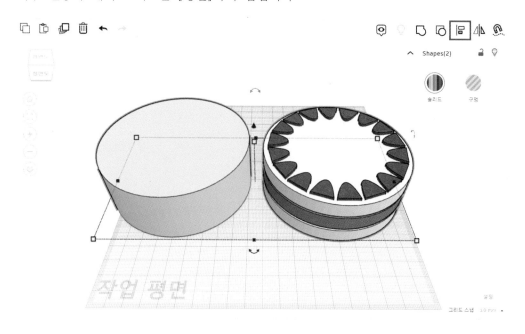

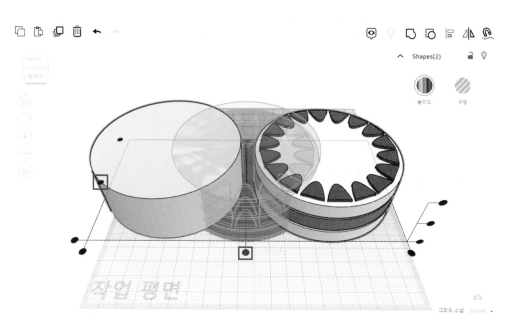

아래와 같이 알맞게 [정렬]합니다.

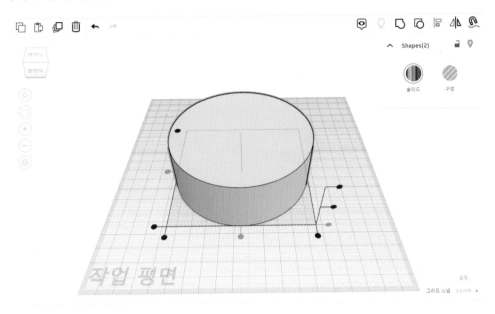

이제 케이크를 꾸며보겠습니다. 틴커캐드 우측의 [돋보기] 버튼을 클릭해 'flower'를 검색
후 아래의 쉐이프를 가져옵니다. 그다음 크기와 [솔리드]를 클릭해 원하는 색으로 변경합니다.

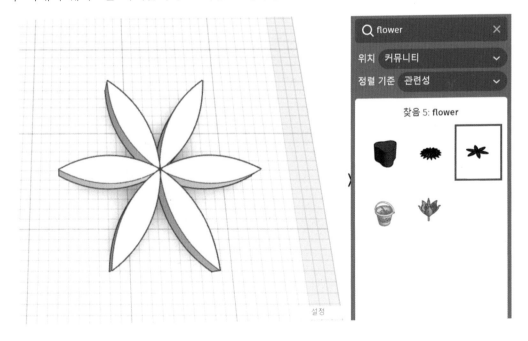

꽃의 중앙에 노란색 꽃봉오리를 만듭니다. [기본 쉐이프] 중 [반구]를 선택한 후 크기와 색을 변경하여 기존의 꽃 중앙에 아래와 같이 배치하고 [그룹화]합니다.

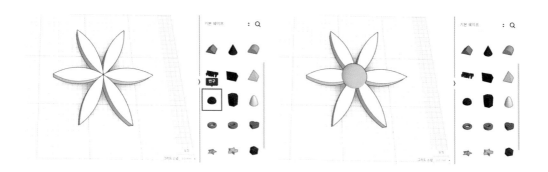

만들어진 꽃을 높이를 조절하여 케이크 맨 위에 배치합니다. 그 후 [복사] 및 [붙여넣기] 하여 2개를 아래와 같이 배치한 후 [그룹화]합니다.

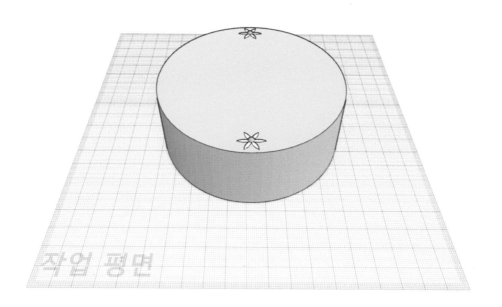

이제 앞서 배운 [복제 후 반복] 기능을 사용합니다. [복제 후 반복] 버튼을 클릭한 후 [화살표 버튼]을 클릭하여 각도를 조절합니다.

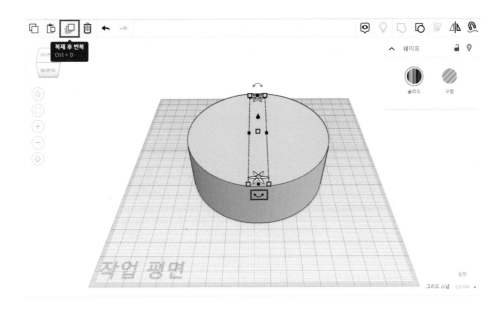

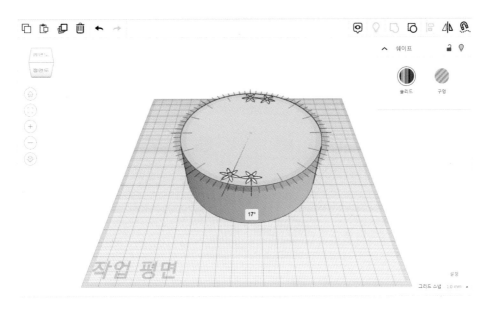

[복제 후 반복] 버튼을 눌러 원하는 각도만큼 반복하여 꽃을 추가합니다.

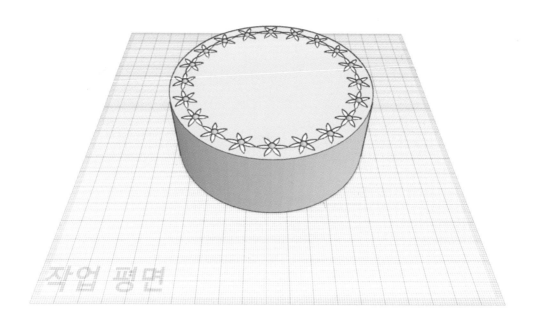

그 후 케이크를 더 꾸미기 위해 추가적으로 쉐이프들을 추가합니다. 앞서 사용한 [복제 후 반복] 기능을 활용합니다.

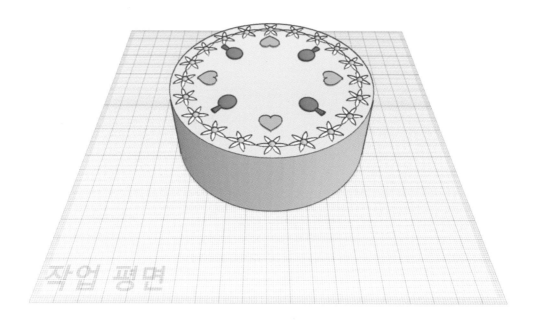

마지막으로 케이크의 토퍼를 제작합니다. [원통] 쉐이프를 작업 평면에 가져온 후 아래와 같이 크기 및 [솔리드]를 클릭해 원하는 색으로 바꿔 받침대 두 개를 만듭니다.

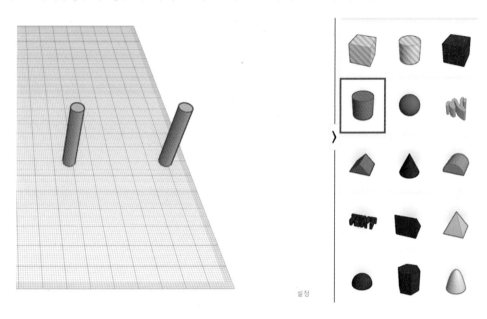

그다음 사이에 들어갈 문구를 [Scribble]로 추가합니다. 그리고 [쉐이프]들을 모두 선택한 후 [그룹화]합니다.

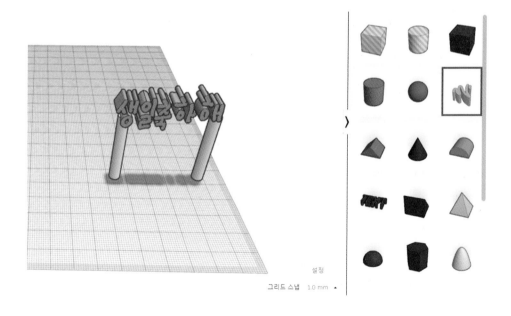

최종적으로 케이크 위에 토퍼를 올려 케이크를 완성합니다.

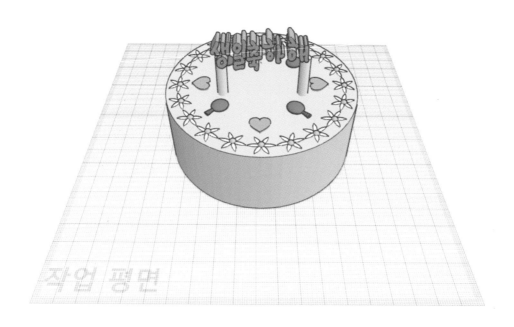

그리고 케이크를 잘라 자신이 만든 안쪽 면을 보여주도록 합니다. 아래와 같이 [구멍 상자]를 배치하여 [그룹화]하면 됩니다.

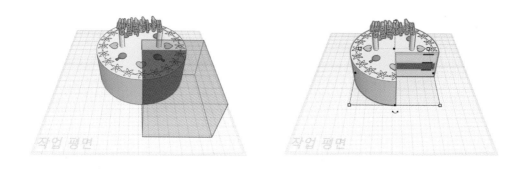

남은 시간 활동 ①: 음료 추가하기

다음 활동들은 케이크 만들기 수업을 더 다채롭게 만들 수 있는 콘텐츠입니다. 학급 상황에 맞춰 자유롭게 활용하면 됩니다. 특히 시간이 남은 학생들에게 추가 과제로 부여하기에 적절합니다. 케이크만으로 허전함을 느끼는 학생들에겐 앞서 배운 컵 만들기를 활용하여 아래와 같이 음료를 추가할 수 있습니다.

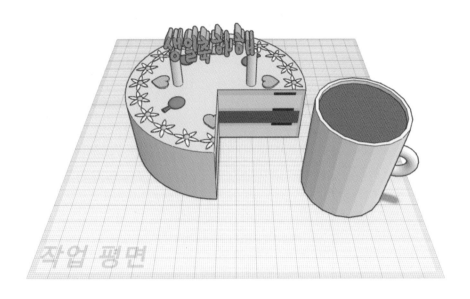

남은 시간 활동 ②: 상자 추가하기

마지막에 포장 상자를 추가할 수도 있습니다.

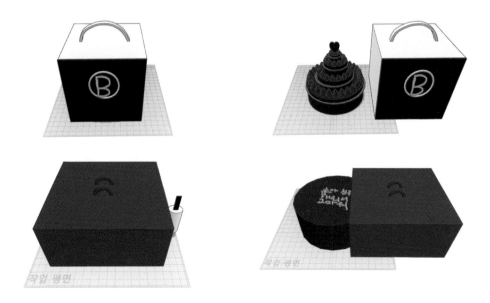

7-2 수업 더하기: 마음을 담은 케이크 만들기

앞서 원형 케이크를 만들고 국어 교과와 연계하여 자신의 마음을 표현하는 활동도 할 수 있습니다. 친구에게 편지와 함께 자신이 만든 케이크를 링크로 보내거나 혹은 케이크를 패들렛이나 띵커벨 보드에 전시하여 마음을 표현할 수 있습니다. 원형 케이크뿐만 아니라 다양한 케이크를 만들며 창의력을 키울 수 있습니다.

성취기준

[4미02-04] 표현 방법과 과정에 관심을 가지고 계획할 수 있다.
[4미02-05] 조형요소(점, 선, 면, 형·형태, 색, 질감, 양감 등)의 특징을 탐색하고, 표현 의도에 적합하게 적용할 수 있다.
[6미02-03] 다양한 자료를 활용하여 아이디어와 관련된 표현 내용을 구체화할 수 있다.

학습 목표

마음을 담은 다양한 모양의 케이크를 3D로 디자인할 수 있다.

마음을 담은 케이크 만들기 2차시 수업안

도입	지난주에 친구들이 만든 케이크 감상하기
	감성 디자인 케이크 검색하기(포털사이트)
전개	다양한 케이크 디자인 검색하기(포털사이트)
	나만의 케이크 계획서 작성하기
정리	계획한 대로 나만의 케이크 만들기

다양한 모양의 케이크 만들기 예시 작품

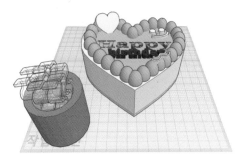

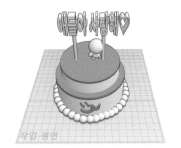

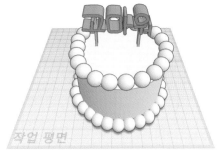

7장 수업
PPT QR코드

7장 학습지
QR코드

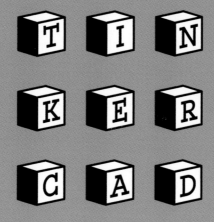

CHAPTER 08

_____

캔 만들기

_____

8-1 캔 만들기

본 장에서는 '캔 만들기', '둥근 표면에 디자인 삽입하기'를 해보겠습니다. 이번 장의 주제인 '캔'은 학생들이 자주 접하는 물건이며 틴커캐드의 [기본 쉐이프]와 [그룹화], [정렬], [크루즈] 등의 다양한 기능들을 활용하여 제작할 수 있는 주제입니다. 학생들은 앞에서 활용했던 [기본 쉐이프]를 창의적으로 응용할 수 있는 방법을 실습하고, 배웠던 틴커캐드의 기능들을 복습, 활용하며 새로운 기능까지 익히면서 3D 디자인에 한층 더 자신감을 가질 수 있습니다.

또한, 이번 장에서 함께 실습할 '둥근 표면에 디자인 삽입하기'는 기존의 평평한 면에 디자인 요소를 삽입하는 것에서 발전하여 둥근 표면에 디자인을 자연스럽게 넣는 방법입니다. 본 모델링을 통해 학생들은 틴커캐드 모델링 실력이 한 단계 성장할 것입니다.

다만, 이번 장은 147~167쪽의 '캔 만들기' 실습을 생략하고 틴커캐드 갤러리에서 '캔 모델링'을 검색해 캔 디자인을 가져와 167~175쪽의 '둥근 표면에 디자인 삽입하기'부터 학생들과 실습할 수 있습니다.

> **TIP**
> 본 차시는 176쪽 '나만의 캔 브랜드 디자인 추가하기' 수업을 함께 할 것을 추천드립니다.

> **TIP**
> 본 장에서는 '캔 만들기'와 '둥근 표면에 디자인 삽입하기' 실습은 크기를 지정하여 실습합니다. 크기를 지정하지 않고 실습을 진행하면 복잡한 제작 과정에서 학생들이 실습을 따라오는 데 혼란이 있을 뿐 아니라 학생들마다 결과물이 제대로 나오지 않을 가능성도 있습니다.

나만의 캔 만들기 예시 작품

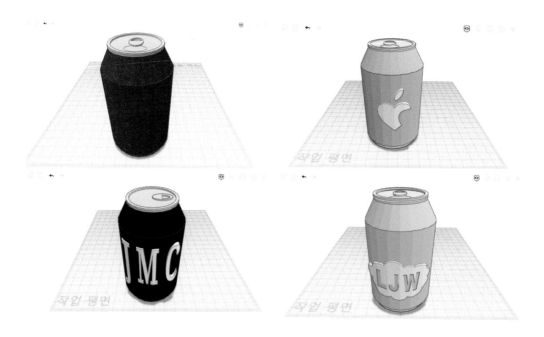

성취기준

[4미02-04] 표현 방법과 과정에 관심을 가지고 계획할 수 있다.
[6미02-04] 조형 원리(비례, 율동, 강조, 반복, 통일, 균형, 대비, 대칭, 점증ㆍ점이, 조화, 변화, 동세 등)의
　　　　　　특징을 탐색하고, 표현 의도에 적합하게 활용할 수 있다.
[6실05-04] 다양한 재료를 활용하여 창의적인 제품을 구상하고 제작한다.

학습 목표

둥근 표면에 디자인을 삽입하여 캔을 3D로 만들 수 있다.

나만의 캔 만들기 2차시 수업안

도입	주변에서 볼 수 있는 캔 떠올리기
전개	교사의 시범 보며 캔 따라 만들기
	교사의 시범 보며 둥근 표면에 디자인을 삽입하기
정리	작품 공유 및 감상하기

캔 만들기

학생들이 생활 속에서 쉽게 접할 수 있는 캔을 떠올리는 도입 활동 후, 교사의 시범을 보며 캔 만들기를 시작합니다.

제목을 [캔 만들기]로 변경한 뒤, 캔의 바닥 부분에 쓰일 [튜브]를 작업 평면으로 가져옵니다.

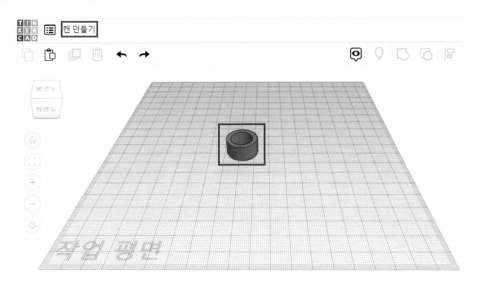

캔 바닥의 색깔을 내기 위해 색을 밝은 회색으로 변경합니다.

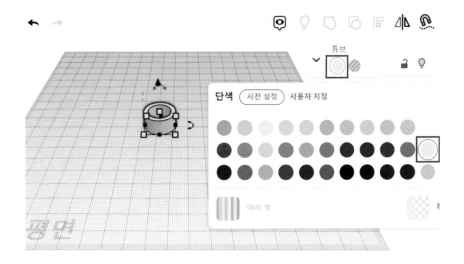

[튜브]의 크기를 가로 [50], 세로 [50], 높이 [5]로 설정합니다.

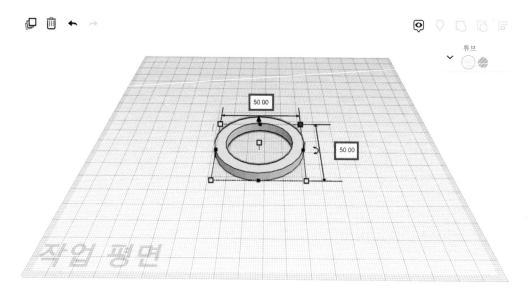

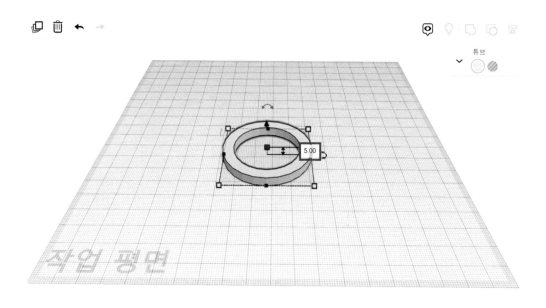

캔의 몸통이 되는 [원통]을 작업 평면으로 가져온 후, 가로 [60], 세로 [60], 높이 [70]으로 설정합니다. [솔리드]를 클릭해 원하는 색으로 변경합니다.

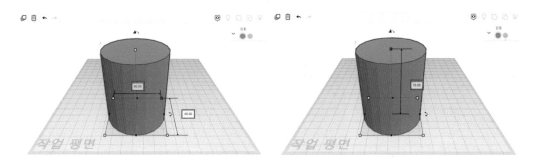

캔의 몸통을 캔의 바닥 부분에 올려보겠습니다. 이때, 우측 상단의 [Cruise] 기능을 활용합니다. [Cruise] 기능을 활용하면 한 쉐이프와 다른 쉐이프 사이에 빈 공간 없이 자석처럼 붙게 만들 수 있습니다. 먼저, 캔의 몸통을 클릭하여 자석 모양의 [Cruise] 버튼을 클릭합니다.

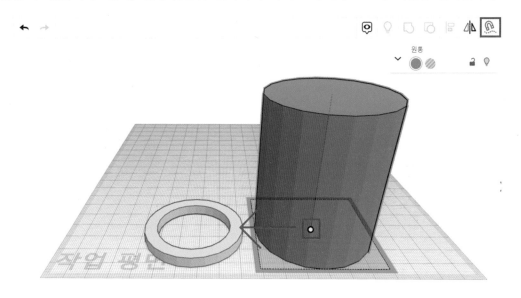

그리고 가운데 흰 점을 클릭 후, 아래 그림처럼 드래그하여 회색 쉐이프의 윗면으로 끌고
옵니다. 이때, 흰 점을 회색 쉐이프의 옆면으로 끌고 오지 않도록 주의합니다.

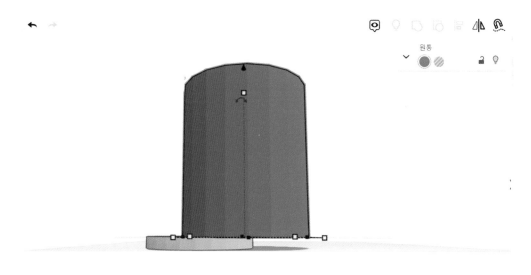

앞서 배운 [정렬]을 활용하여 캔의 바닥과 몸통의 중심을 맞춥니다.

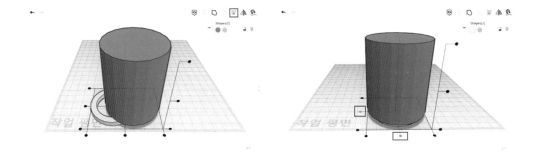

캔의 바닥과 몸통을 선택한 후 [그룹화]를 클릭합니다. 그리고 색을 [여러 색]으로 바꿉니다.

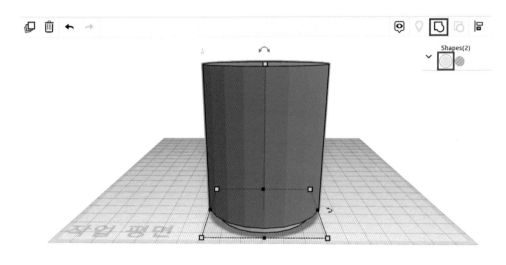

다음으로 캔 상단의 경사진 부분을 추가하겠습니다. '투명 그룹화'를 이용해 [원추]의 상단을 깎아내어 표현할 수 있습니다. [원추]를 작업 평면으로 가져와 가로 [60], 세로 [60], 높이 [50]으로 변경합니다.

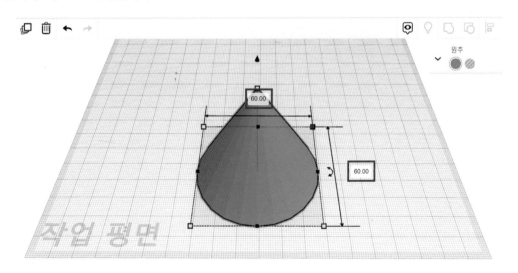

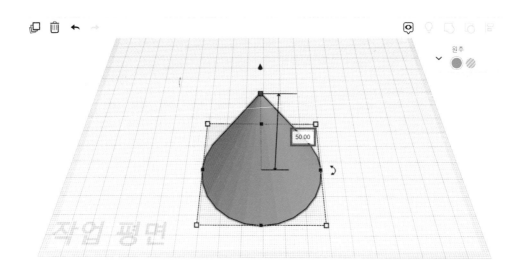

빈 공간 없이 물체를 쌓을 수 있는 [Cruise] 기능을 활용하여 [원추]를 캔 몸통 위로 올리겠습니다. 자석 모양의 [Cruise]를 클릭한 후, 아래와 같이 모양이 바뀌면 [원추]를 캔의 몸통 윗부분으로 드래그하여 올려줍니다.

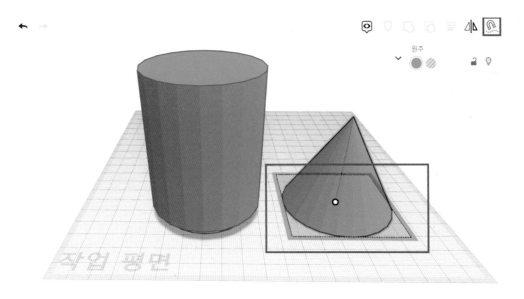

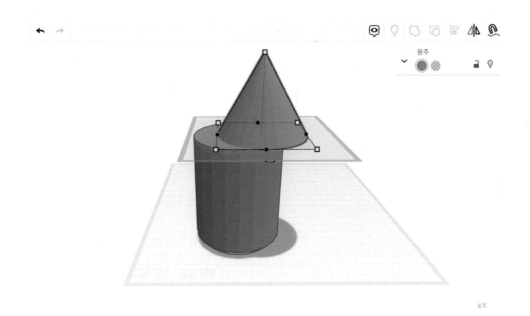

[정렬]을 이용하여 캔의 몸통과 [원추]의 중심을 맞춥니다.

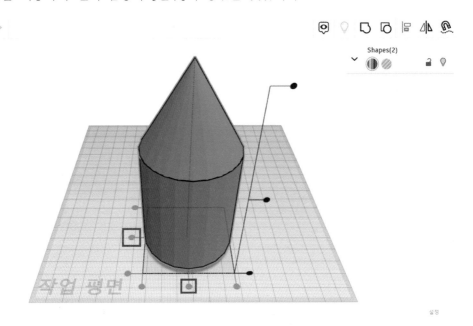

캔의 몸통과 [원추]를 [그룹화]합니다.

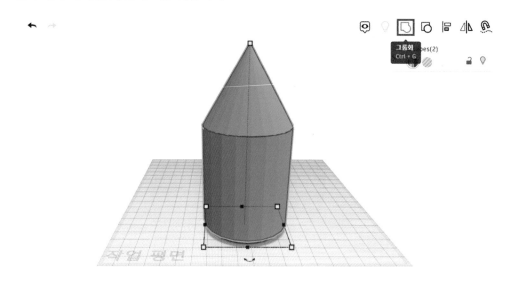

[기본 쉐이프] 중 [구멍 원통]을 작업 평면으로 가져온 후 가로 [60], 세로 [60], 높이 [60]으로 변경합니다.

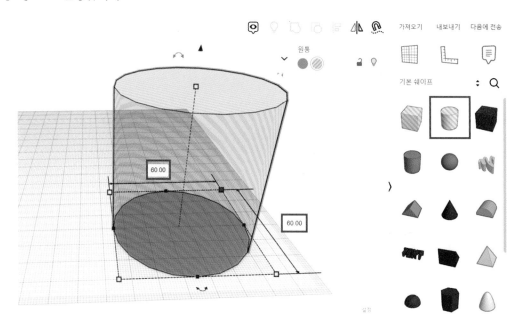

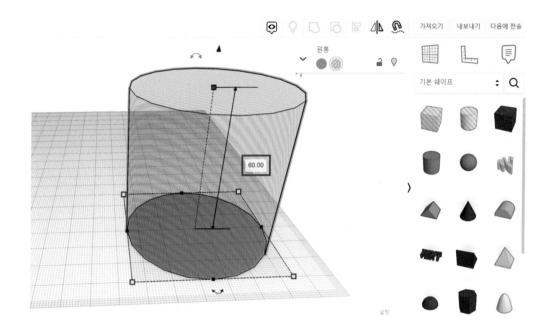

[구멍 원통]을 공중으로 띄우기 위해 표시된 화살표를 살짝 움직이면 물체와 작업 평면 사이의 거리를 숫자로 조절할 수 있는 칸이 생깁니다. 거리를 [90]으로 변경합니다.

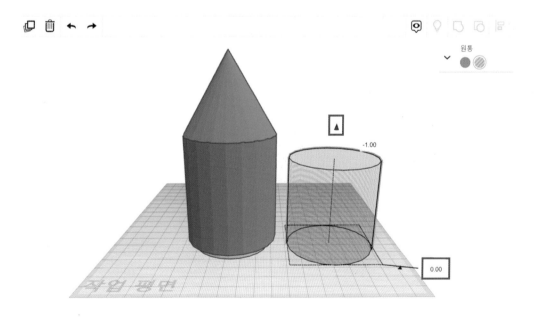

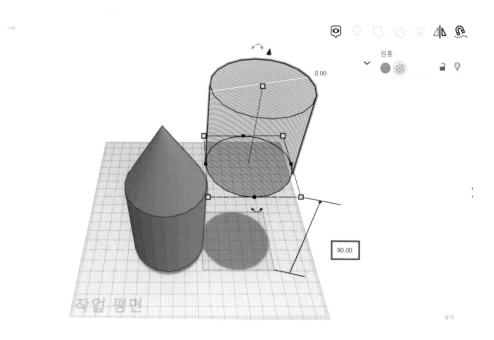

캔 몸통과 [구멍 원통]을 [정렬]을 통해 중심을 맞춘 후, [그룹화]를 해줍니다.

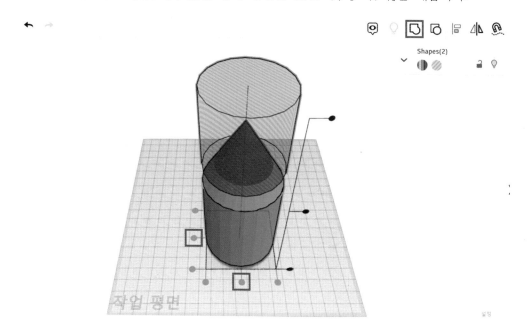

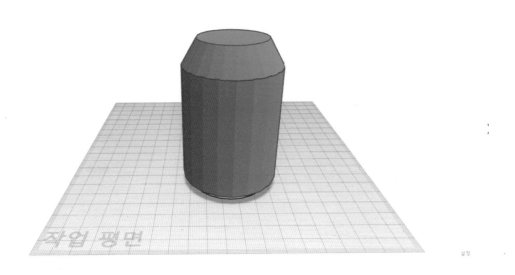

다음은 캔의 윗부분을 제작해보겠습니다. [기본 쉐이프] 중 [원통]과 [튜브]를 작업 평면에 가져온 후, 가로 [42], 세로 [42], 높이 [1]로 설정합니다. 색상은 [솔리드]를 클릭해 밝은 회색을 선택합니다.

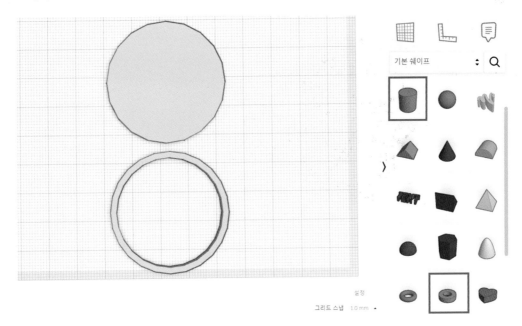

[튜브]의 벽 두께를 [1]로 설정합니다.

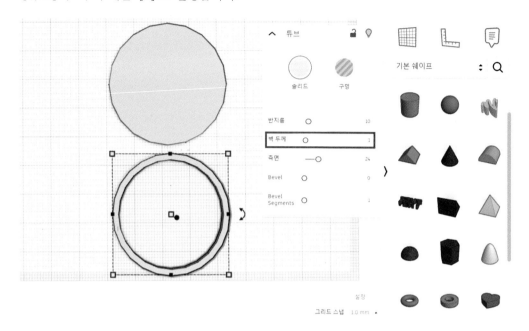

원의 몸통 위에 [원통], [튜브] 순서로 [Cruise]를 활용하여 올려줍니다.

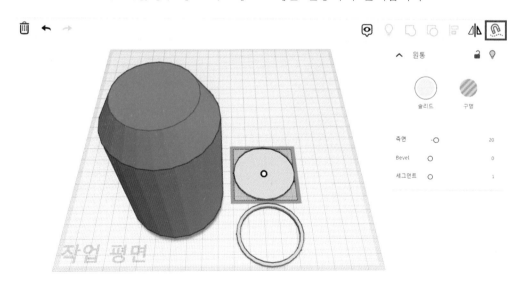

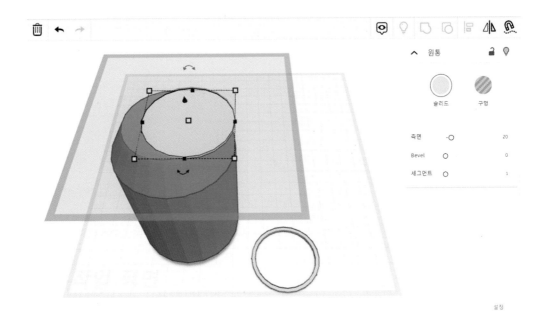

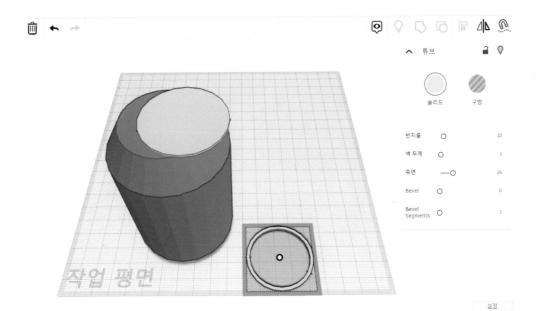

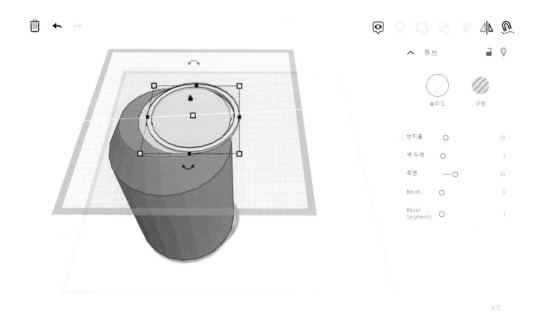

모든 요소를 선택한 후 [정렬] 및 [그룹화]를 해줍니다.

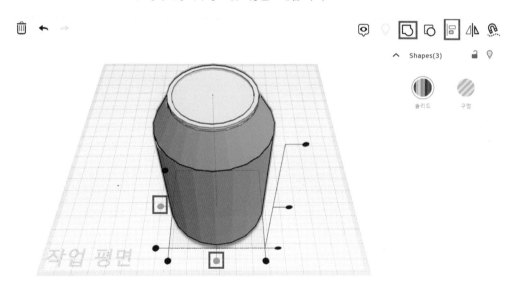

다음은 캔의 뚜껑 부분을 제작해보겠습니다. [원통] 2개를 작업 평면으로 가져온 후, 가로 [15], 세로 [10], 높이 [1]로 설정합니다. 색상은 밝은 회색을 선택합니다.

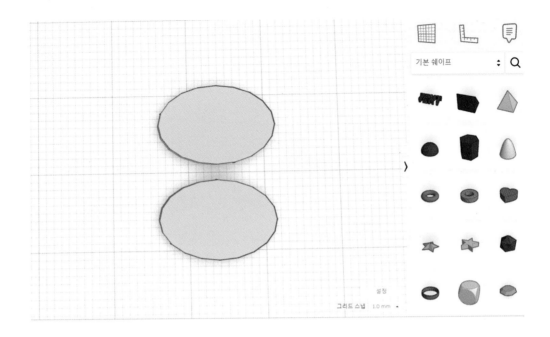

[원형 지붕]을 작업 평면으로 가져와 가로 [8], 세로 [5], 높이 [5]로 설정합니다. 그리고 [구멍]으로 바꾸어줍니다.

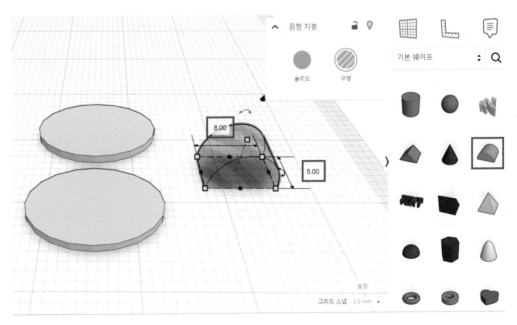

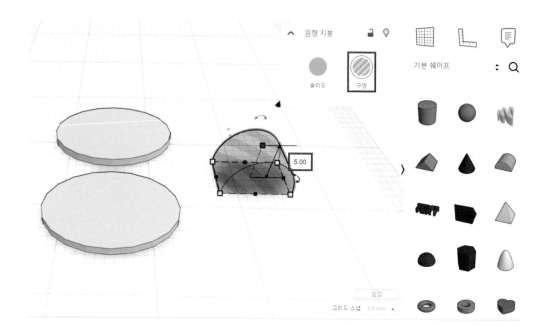

[원형 지붕]을 다음과 같이 90° 회전시켜 눕혀줍니다.

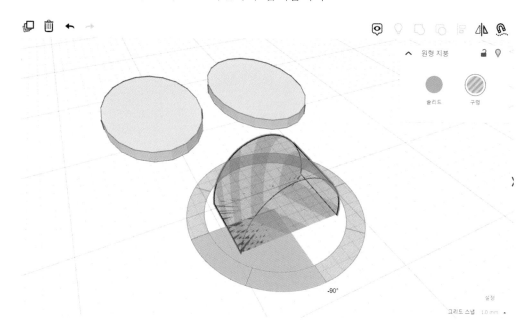

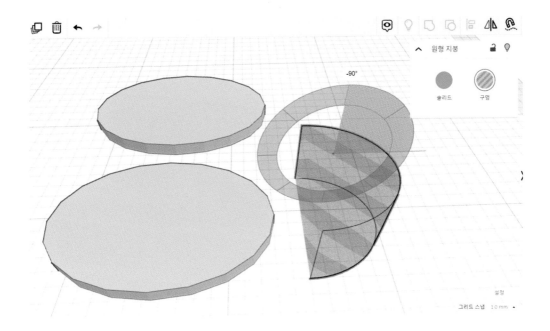

회전시킨 [원형 지붕]을 [원통] 중 1개에 다음과 같이 배치한 후 [그룹화]합니다.

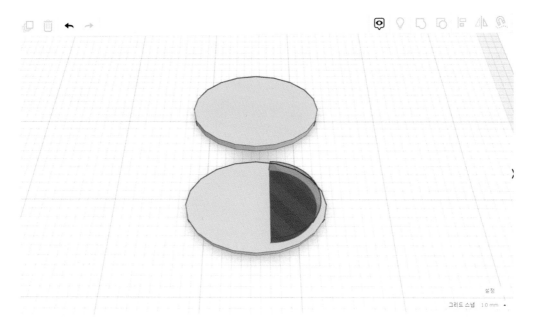

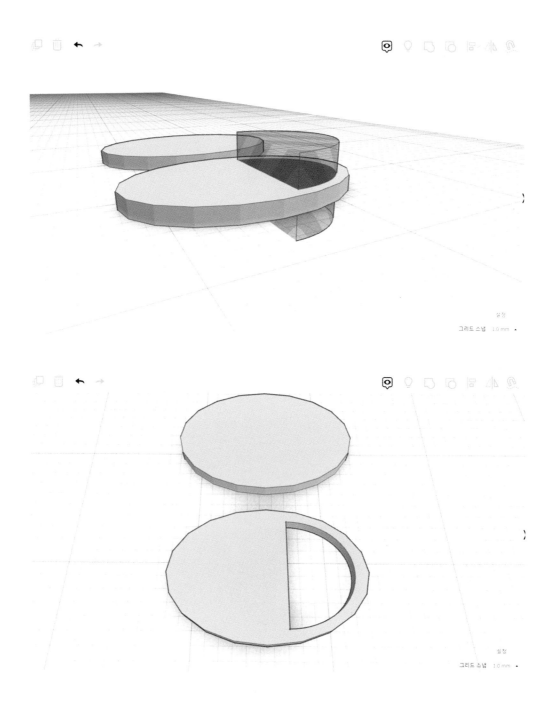

제작한 캔 뚜껑 부분을 캔 몸통 위에 [Cruise] 기능을 활용하여 아래 화면과 같이 올린
후 회전시켜 배치합니다.

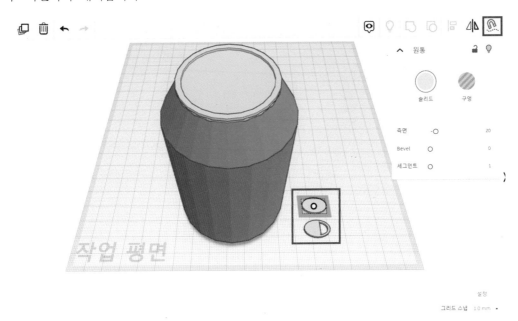

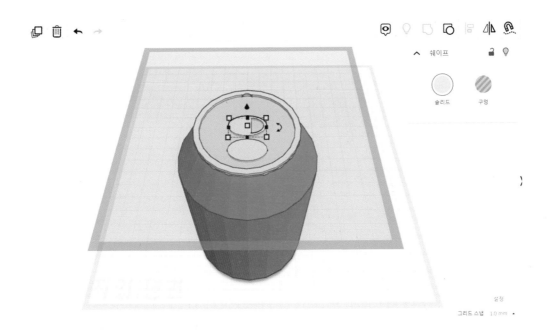

자연스러움을 위해 캔 뚜껑 중 음료가 나오는 부분의 [원통]을 [1] 아래로 내려 오목하게
표현합니다.

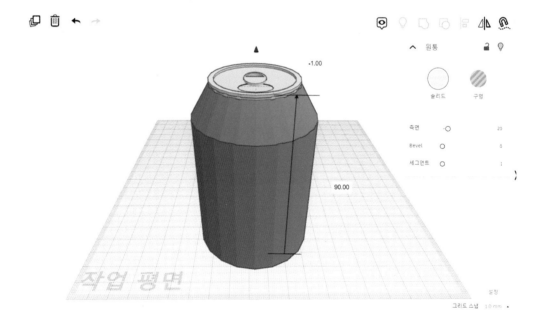

모든 쉐이프들을 [그룹화]하여 캔을 완성합니다.

둥근 표면에 디자인 삽입하기

앞서 언급했듯이 앞의 '캔 모델링' 활동을 하지 않고 이 부분부터 학생들과 실습할 수 있습니다. 틴커캐드 갤러리에서 '캔 모델링'을 검색하여 만들어진 캔 디자인을 사용합니다.

이제 완성된 캔의 둥근 표면에 디자인을 삽입하는 방법을 배워보겠습니다. 디자인으로 삽입할 쉐이프를 원통의 곡선대로 깎아내는 과정이 필요합니다. 두 번의 '투명 그룹화' 작업을 거치겠습니다. 먼저, [구멍 원통]을 작업 평면으로 가져온 후, 가로 [65], 세로 [65], 높이 [120]으로 설정합니다.

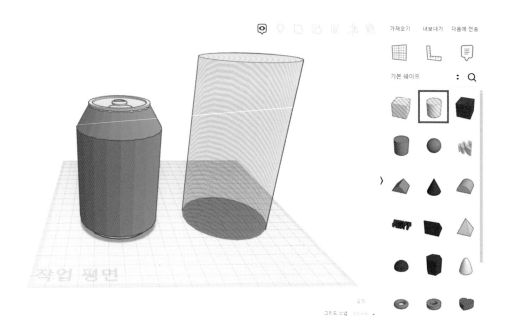

캔과 [구멍 원통]을 [정렬]을 활용하여 중심을 맞춥니다.

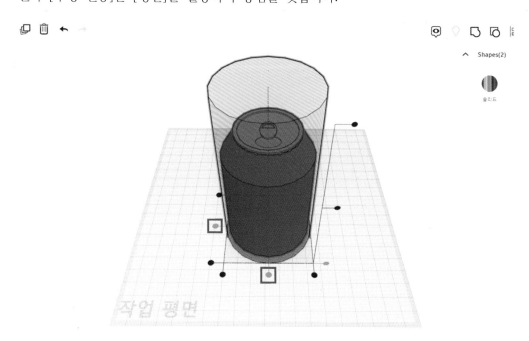

둥근 표면에 디자인할 [별]을 작업 평면으로 가져와 가로 [30], 세로 [30], 높이 [30]으로 설정합니다.

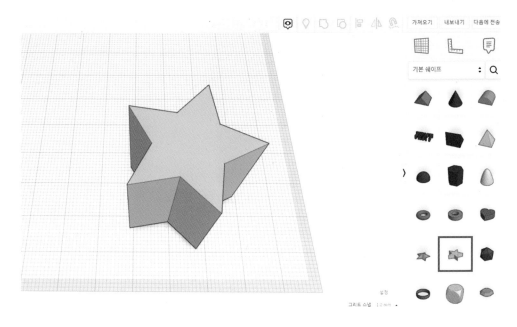

[별]을 아래와 같이 90° 회전시킨 후, 작업 평면과의 거리를 [25]로 설정해 공중으로 띄웁니다.

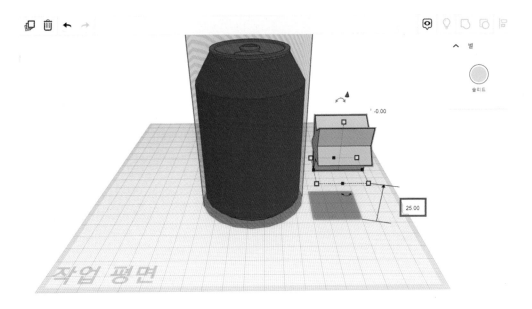

[별]이 캔의 둥근 표면에 고르게 포함될 수 있도록 아래와 같이 이동시킵니다.

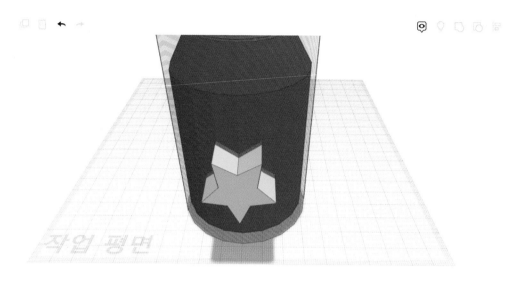

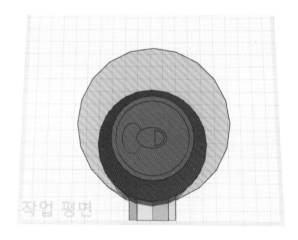

[상자]를 작업 평면으로 가져온 후, 가로 [100], 세로 [100], 높이 [110]으로 설정합니다.

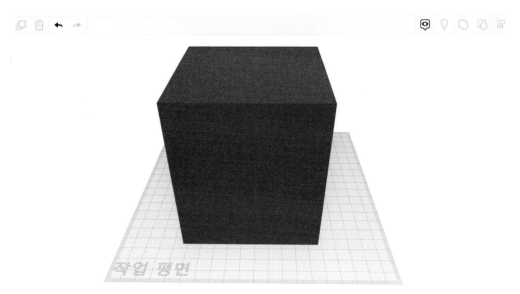

상자를 기존에 만들었던 캔, [별], [구멍 원통]이 있는 곳에 다음과 같이 배치합니다.

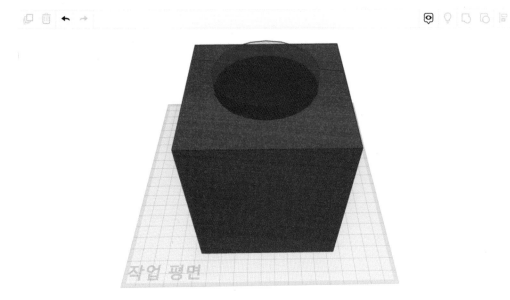

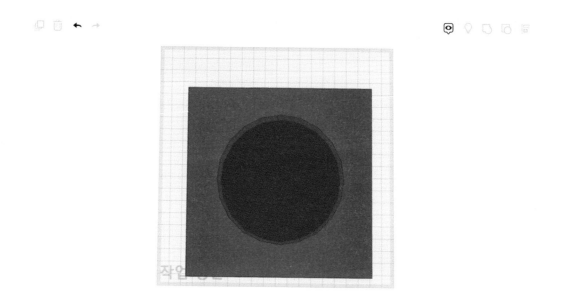

[구멍 원통]과 [상자]만 선택하여 [그룹화]합니다. 캔과 [별]은 선택하지 않도록 주의합니다.

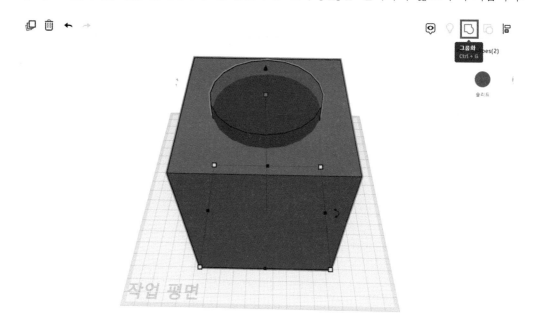

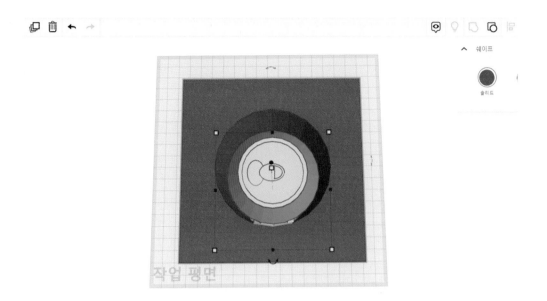

구멍이 뚫린 [상자]만 선택 후 [구멍]을 클릭하여 아래와 같이 바꿔줍니다.

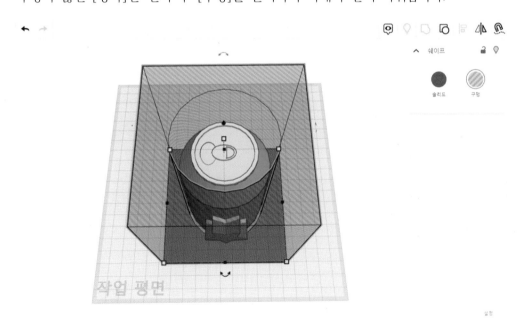

이제 [별]과 앞에서 바꿔주었던 [구멍 상자]만 선택해야 합니다. 이때, 마우스를 활용할 수 있는 환경이라면 그림에 나와 있는 범위를 드래그하여 선택해줍니다.

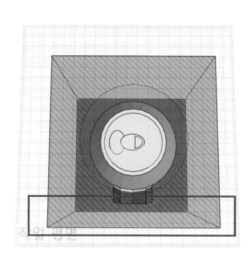

마우스를 활용하기 어려운 환경이라면 아래와 같이 확대하여 [별]과 [구멍 상자]를 선택해줍니다.

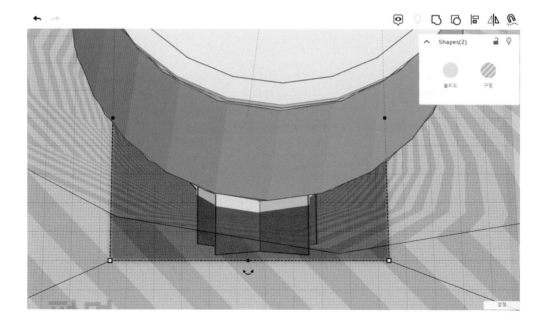

선택을 마친 후 [별]과 [구멍 상자]를 [그룹화]합니다.

튀어나온 [별]을 캔 안쪽으로 이동시킨 후, 캔과 [별]을 [그룹화]하여 디자인 삽입을 완성합니다.

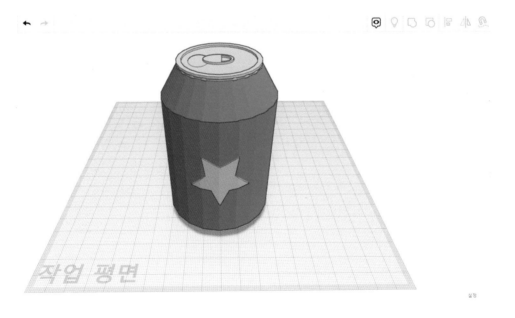

완성된 캔의 모양을 공유 및 감상하며, 모델링을 할 때 잘못되었거나 어려웠던 점을 이야기해봅니다.

8-2 수업 더하기: 나만의 캔 브랜드 디자인 추가하기

이번 활동을 위해서는 8장에서 배운 '둥근 표면에 디자인 삽입하기' 방법을 학생들이 활용해야 합니다. 8장 활동 후에 수업을 진행하시는 것을 추천드립니다. 다만, '캔' 디자인은 틴커캐드 갤러리에서 '캔 모델링'을 검색하여 찾아 사용할 수 있으니 건너뛸 수 있습니다.

이제 캔 둥근 표면에 자신만의 브랜드를 입혀보는 활동을 해보겠습니다. 먼저, 브랜드의 이미지를 조사해보고, 각 브랜드 이미지들이 담고 있는 의미를 배웁니다. 이를 바탕으로 자신만의 개성이 드러나는 브랜드 디자인을 설계 학습지에 그린 후, 직접 틴커캐드로 제작해봅니다. 작품 제작 후에는 학생들이 서로의 작품을 공유하고 감상하는 시간을 갖습니다.

성취기준

[4미02-04] 표현 방법과 과정에 관심을 가지고 계획할 수 있다.
[6미02-04] 조형 원리(비례, 율동, 강조, 반복, 통일, 균형, 대비, 대칭, 점증·점이, 조화, 변화, 동세 등)의
　　　　　　특징을 탐색하고, 표현 의도에 적합하게 활용할 수 있다.
[6실05-04] 다양한 재료를 활용하여 창의적인 제품을 구상하고 제작한다.

학습 목표

둥근 표면에 디자인을 삽입하여 나만의 캔 브랜드 디자인을 3D로 만들 수 있다.

나만의 캔 브랜드 디자인 추가하기 2차시 수업안

도입	주변에서 볼 수 있는 브랜드 떠올리기
	다양한 브랜드 디자인 검색하기(포털사이트)
전개	브랜드 디자인의 의미 배우기
	나만의 브랜드 디자인 계획서 작성하기
	계획한 대로 나만의 캔 브랜드 디자인 만들기
정리	작품 공유 및 감상하기

나만의 캔 브랜드 디자인 추가하기 예시 작품

 TIP

빠른 수업을 원하는 경우, 브랜드 디자인의 의미 배우기 및 디자인 계획서 작성 없이 바로 브랜드 디자인 만들기 실습을 해도 됩니다.

TIP

브랜드 디자인을 틴커캐드로 만들 때 주의사항

1. 입체가 아닌 '평면 쉐이프'로 제작하기

자신만의 브랜드 디자인은 평평한 모양의 디자인을 사용합니다. 예를 들어, 앞에서 실습한 평평한 모양의 [별]은 둥근 표면에 디자인을 삽입하기에 적당하지만, 입체적인 [별]은 적당하지 않습니다.

2. 캔의 지름보다 디자인을 작게 만들기

디자인의 크기는 너무 크지 않게 제작합니다. 캔의 지름보다 클 경우, 디자인이 제대로 삽입되지 않습니다.

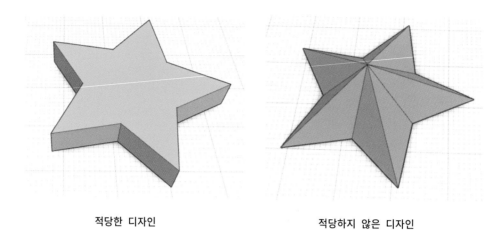

적당한 디자인　　　　　　　　　　　적당하지 않은 디자인

3. 디자인 [그룹화] 후에 삽입하기

여러 개의 쉐이프들을 활용하여 제작할 경우, 반드시 모든 디자인 쉐이프들을 [그룹화]한 후 둥근 표면에 디자인을 삽입하도록 합니다.

8장 수업
PPT QR코드

8장 학습지
QR코드

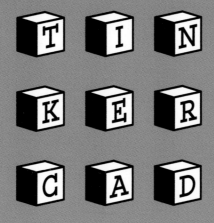

CHAPTER 09

_____

태극기 만들기

_____

9-1 태극기 만들기

태극기 만들기 수업은 5대 국경일(3·1절, 제헌절, 광복절, 개천절, 한글날)과 국군의 날 또는 호국보훈의 달(6월)에 계기 교육으로 활용할 수 있습니다. 태극기 만들기 수업을 통해 우리나라 국기의 의미를 되새기며, 올바른 국기 계양법을 알고 국경일을 기념할 수 있습니다. 또한 역사적인 날을 기억하며 국기의 소중함과 애국심을 기를 수 있습니다.

태극기 구성요소의 각 길이를 미리 학습하면, 만드는 과정에서 학생들이 보다 쉽게 제작할 수 있습니다. 더불어 태극기를 왜 만들어보는지 동기유발을 함으로써 태극기 다는 날, 태극기의 의미, 태극기 계양 방법에 대해 알아보고 태극기의 중요성을 함께 지도합니다.

태극기를 도화지에 그릴 때와 비교하여 틴커캐드에 그리는 것의 장점은 다음과 같습니다. 첫째, 컴퓨터 작업이기 때문에 각도기와 컴퍼스, 자 없이도 제작할 수 있습니다. 둘째, 실수했을 때 수정이 용이하여 수정 시 발생하는 불필요한 시간을 아낄 수 있습니다. 셋째, 태극기를 입체로 표현할 수 있습니다. 이런 장점들 때문에 틴커캐드를 활용한 태극기 만들기 수업은 교육적으로 효과적입니다.

태극기 완성 작품

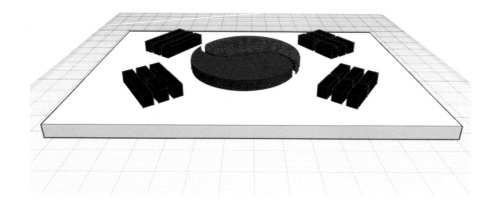

성취기준

[4미01-03] 생활 속에서 다양하게 활용되고 있는 미술을 발견할 수 있다.

[4미02-05] 조형 요소(점, 선, 면, 형·형태, 색, 질감, 양감 등)의 특징을 탐색하고, 표현 의도에 적합하게 적용할 수 있다.

[6미01-03] 이미지가 나타내는 의미를 찾을 수 있다.

[6미02-04] 조형 원리(비례, 율동, 강조, 반복, 통일, 균형, 대비, 대칭, 점증·점이, 조화, 변화, 동세 등)의 특징을 탐색하고, 표현 의도에 적합하게 활용할 수 있다.

학습 목표

태극기를 비율에 맞추어 3D로 만들 수 있다.

태극기 만들기 3차시 수업안

도입	생활 속에서 태극기가 사용되는 다양한 사례 살펴보기
전개	태극기에 담긴 뜻, 국기 계양일, 국기 다는 법 알아보기
	태극기 원본 비율과 각 구성요소의 길이 알아보기
	교사의 시범을 보며 태극 문양 따라 만들기
	교사의 시범을 보며 4괘와 흰 배경 따라 만들기
정리	작품 공유 및 감상하기

태극기 원본 비율과 비례한 각 구성요소의 길이 알아보기

태극기를 만들기 전 학습지를 활용하여 태극기의 원본 비율을 알아보고 비율에 비례한 구성요소의 길이와 각도를 학습합니다. 가장 작은 비율이 $\frac{1}{24}$ 이므로 $\frac{1}{24}$ 을 자연수로 만들기 위해 모든 구성요소에 24의 배수인 48을 곱해줍니다. 태극기의 구성요소의 길이를 교사와 함께 계산해서 학습지에 적습니다. 기울어진 각도는 임의로 35°로 정합니다. 학습지로 미리 길이를 계산하지 않으면, 학생들은 교사의 실습만 따라 기계적으로 숫자만 입력할 수 있습니다. 따라서 학습지로 비율에 비례한 길이를 계산하며 '왜 그러한 길이로 제작하는지' 스스로 이해하고, 제작할 수 있도록 안내합니다.

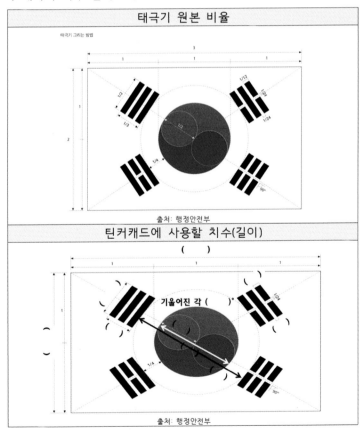

틴커캐드로 태극기 그리기

( )초등학교 ( )학년 ( )반 ( )

1) 태극기 치수 알아보기

태극기 원본 비율

출처: 행정안전부

틴커캐드에 사용할 치수(길이)

( )

기울어진 각 ( )

출처: 행정안전부

학습지를 통해 태극기의 의미를 알아보는 활동은 국경일 또는 6월 호국보훈의 달의 계기 교육으로 활용할 수 있습니다.

2) 태극기 알아보기

① 태극기에 담긴 뜻
 - 태극기는 (　　)색 바탕에 가운데 (　　) 문양과 네 모서리의 (　　　　) 4괘로 구성되어 있다.
 - 태극기의 흰색 바탕: (　ㅂ　ㅇ　)과 (　ㅅ　ㅅ　)
 - 태극 문양의 음(파랑)과 양(빨강)의 조화: 우주와 대자연의 진리
 - 4괘: 건괘 (　ㅎ　ㄴ　), 곤괘 (　ㄸ　), 감괘 (　ㅁ　), 이괘 (　ㅂ　)
② 국기의 게양일
 - 국경일: (　　　　,　　　　,　　　　,　　　　,　　　　)
 - 기념일: (　　　　,　　　　)
③ 국기 다는 법

● 경축일 및 평일   ● 조의(弔意)를 표하는 날   - 집 밖에서 보아 대문의 (　　　　)이나 (　　　)
                                        - 건물 전면 지상의 (　　　) 또는 (　　　),
                                          건물 옥상 위의 (　　　　), 또는 주된 출입구의 위
                                          벽면 중앙
                                        - 차량 전면에서 보아 (　　　　)

출처: 행정안전부

태극기 만들기

수업 도입 활동으로 생활 속에서 태극기가 사용되는 다양한 사례를 알아보며, 학습지를 완성한 후 교사의 시범에 따라 태극기 만들기를 시작합니다.

가장 먼저 제목을 [태극기]로 변경합니다. 태극기는 주로 평면 작업으로 이루어지기 때문에 [평면도] 상태로 만듭니다. 뷰 또한 [평면 뷰(직교)] 상태로 만듭니다. [평면 뷰(직교)] 상태일 때는 다음과 같이 마우스를 가져다 놓았을 때 [투시 뷰로 전환합니다.]라는 안내 문구가 뜹니다.

[평면도]로 바꾸기

마우스만 가져다 놓을 때
[평면 뷰(직교)] 상태인 안내문구

태극 문양 만들기

[기본 쉐이프]의 [원통]을 가져옵니다. [원통]의 길이를 가로 [48], 세로 [48], 높이 [20]으로 만들고 측면을 가장 둥글게 [64]로 입력합니다.

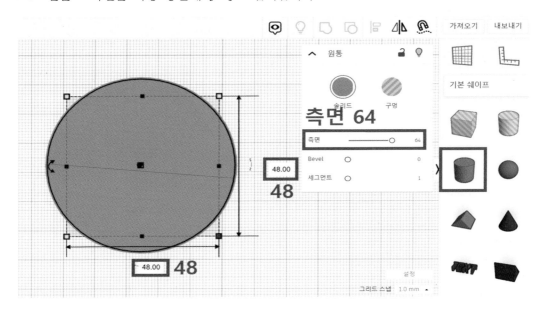

[기본 쉐이프]의 [Scribble]을 가져옵니다.

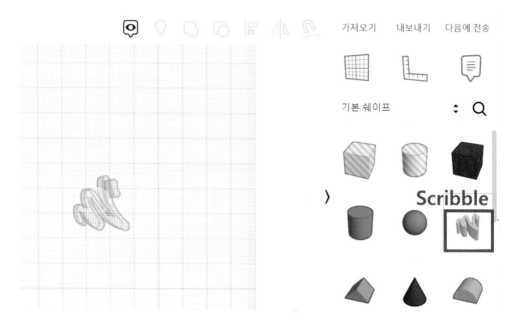

[Scribble]을 활용하여 아래와 같은 모양을 그립니다.

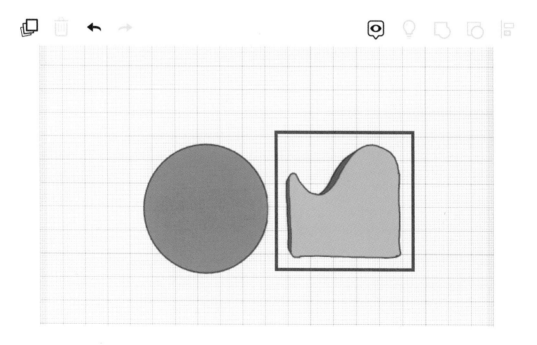

이때, 아래의 예를 참고하여 빈틈없이 꼼꼼하게 색칠하도록 지도합니다.

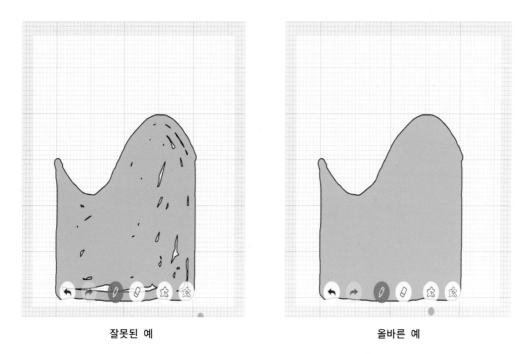

잘못된 예   올바른 예

[Scribble]을 활용해 만든 쉐이프를 [구멍]으로 하고, [높이]를 [20] 이상으로 만듭니다.

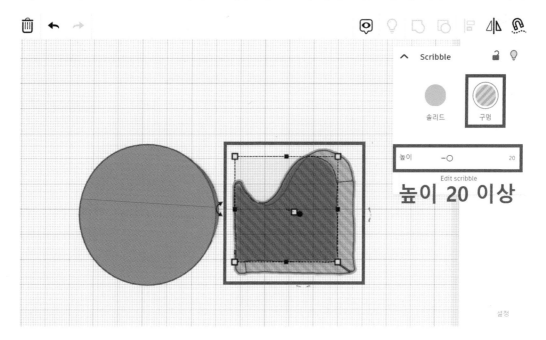

[원통]과 [Scribble]을 아래와 같이 배치하고 [그룹화]합니다.

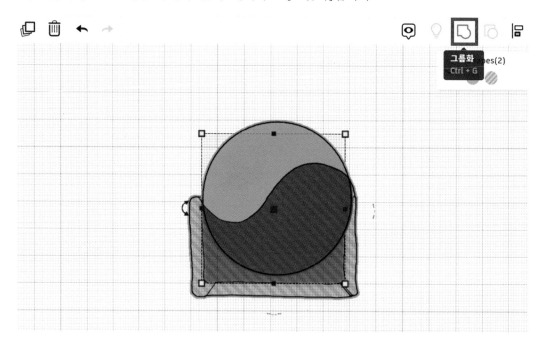

색상을 빨간색으로 바꾸어 태극 문양의 '양' 부분을 만듭니다.

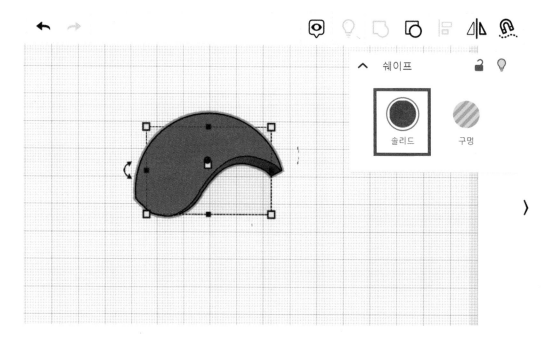

태극 문양의 '양' 쉐이프를 [복사] 및 [붙여넣기] 합니다. [대칭]을 활용해 [좌우대칭], [상하대칭] 하고 [솔리드]를 활용해 파란색으로 바꿉니다. 태극 문양의 '음' 부분이 완성됩니다.

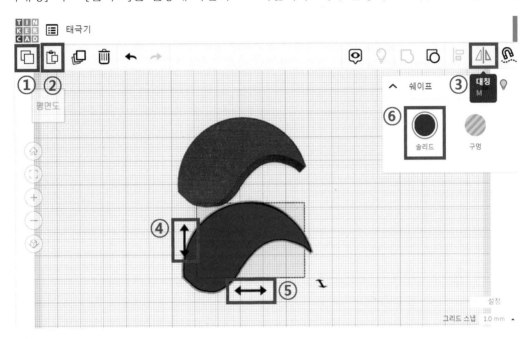

태극 문양을 아래와 같이 배치하고, [그룹화]합니다.

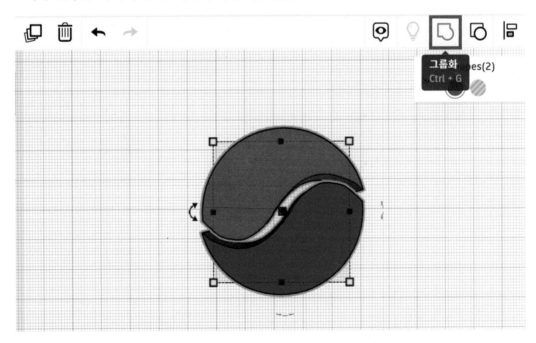

태극 문양의 각도를 [−35°]로 입력하여 회전시키면 태극 문양이 완성됩니다.

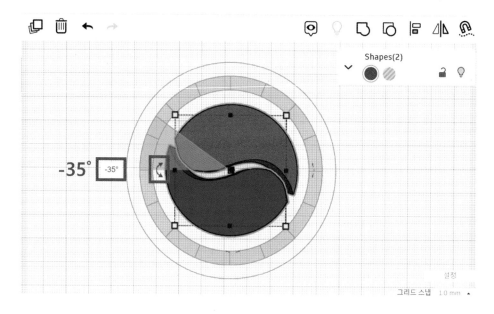

4괘 만들기

[기본 쉐이프]의 [상자]를 가져와 가로 [4], 세로 [24]로 입력합니다. [솔리드]를 클릭해 색상을 검은색으로 만듭니다.

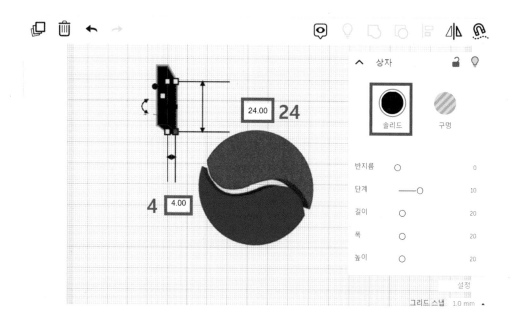

먼저 검은색 [상자]를 [복사] 및 [붙여넣기] 합니다. [구멍 상자]를 가져와 세로를 [4]로
만들고 아래의 그림과 같이 [구멍 상자]가 검은색 [상자]의 정가운데에 오도록 배치합니다.

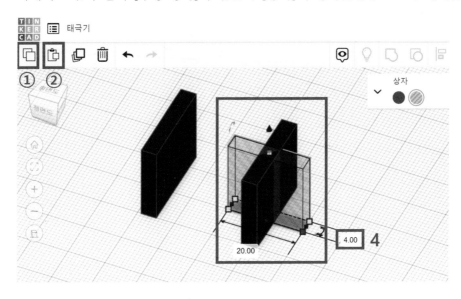

TIP

구멍 [상자]의 가로의 길이는 상관없습니다. 구멍 [상자]를 배치할 땐, 3장에서 배운 [정렬]을 활용하면
쉽고 정확하게 '가운데 정렬'을 할 수 있습니다.

[구멍 상자]와 복사한 검은색 [상자]를 [그룹화]합니다.

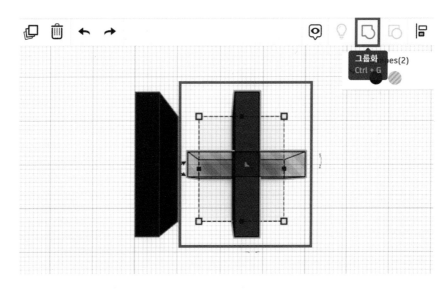

2개의 쉐이프를 샘플로 삼아 4괘를 만듭니다. 편의상 왼쪽의 한 개의 상자 쉐이프를 'A', 오른쪽의 두 개의 상자 쉐이프를 'B'라고 지칭합니다.

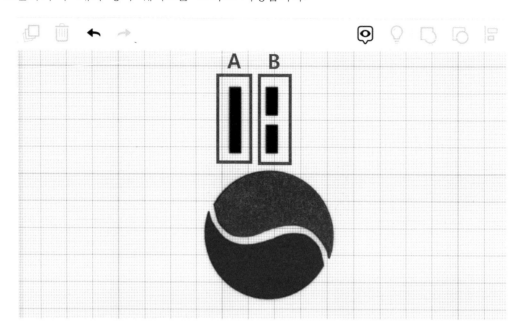

'건괘'는 'A' 쉐이프를 [복사] 및 [붙여넣기] 하여 3개로 만듭니다. 각 괘 사이의 거리는 아래와 같이 [2]가 되도록 합니다. 그러면 '건괘'의 총 가로 길이는 [16]이 되어야 합니다.

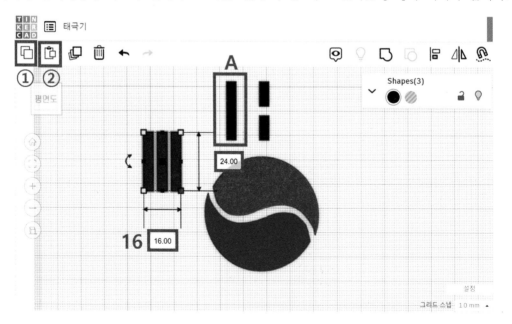

'건괘'를 모두 선택하고 [그룹화]합니다. 이후 만들 '곤괘', '감괘', '이괘' 또한 각 괘의 총 가로 길이를 동일하게 배치하고 [그룹화]합니다.

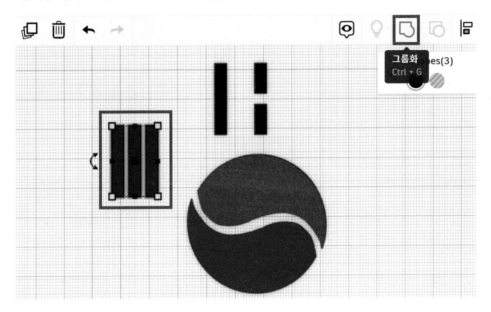

'곤괘'는 'B' 쉐이프를 활용합니다. '건괘'와 동일한 방법으로, 'B' 쉐이프를 [복사] 및 [붙여넣기] 하여 3개로 만듭니다. '곤괘'의 총 가로 길이도 [16]이 되어야 합니다. 올바르게 배치가 되었다면 [그룹화]하여 완성합니다.

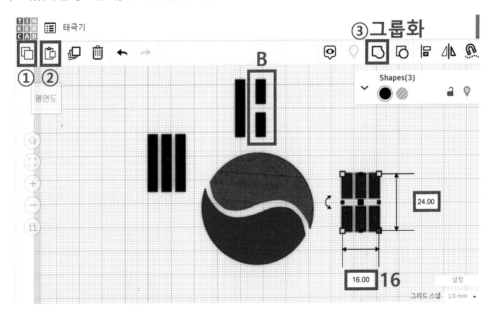

'감괘'와 '이괘'는 'A'와 'B' 쉐이프를 모두 활용하여 동일한 방법으로 그림과 같이 완성합니다. 'A'와 'B' 쉐이프는 사용이 끝났으면, [삭제]합니다.

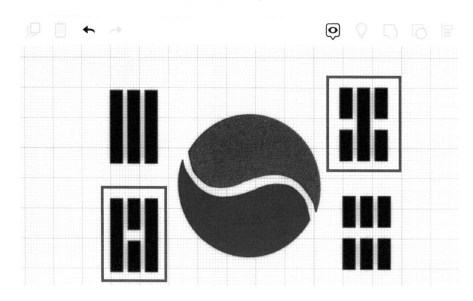

TIP

3장에서 배운 [정렬]을 활용하면, 4괘가 같은 선상에 있도록 쉽고 정확하게 정렬할 수 있습니다. 아래 그림 2가지를 참고하세요.

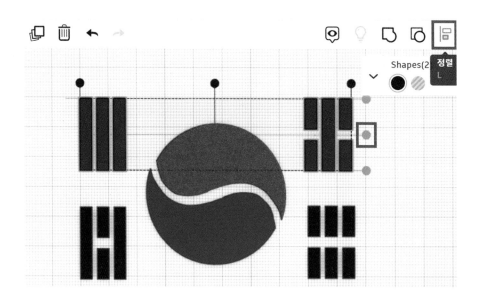

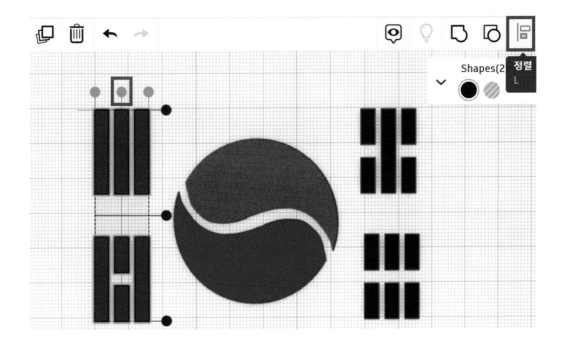

'건괘'와 '곤괘'는 각각 [−35°], '감괘'와 '이괘'도 각각 [35°]의 각도로 회전시킵니다. 4개의 괘를 모두 회전시키면 완성됩니다.

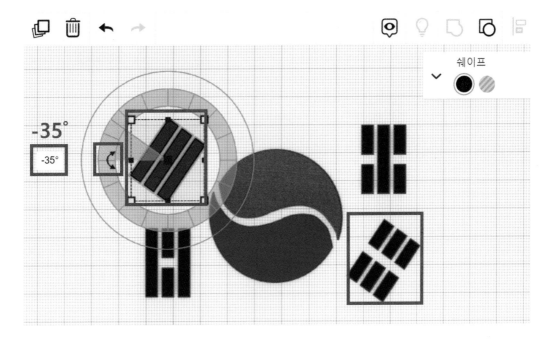

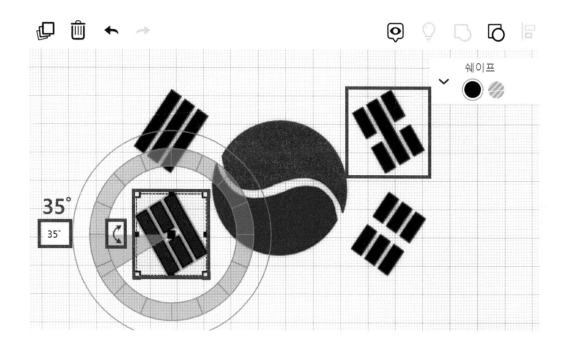

태극 문양과 4괘를 모두 선택하고 [그룹화]합니다.

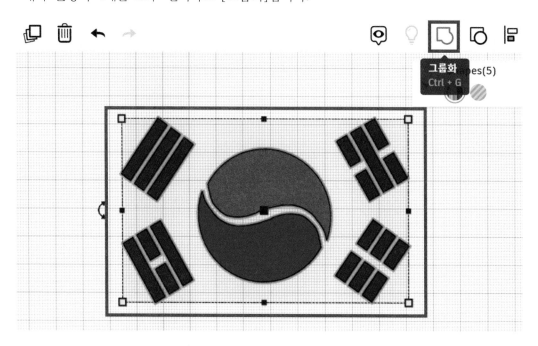

태극기 완성하기

흰 배경을 만들기 위해 [기본 쉐이프]의 [상자]를 가져옵니다. [상자]의 [솔리드]를 클릭
해 흰색으로 변경하고, 가로 [144], 세로 [96]으로 설정합니다.

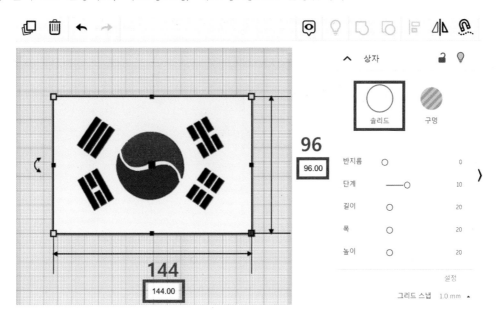

흰 배경과 [그룹화]한 태극기의 구성요소를 선택한 후, [정렬]을 활용해 가로 가운데 정
렬, 세로 가운데 정렬로 배치합니다.

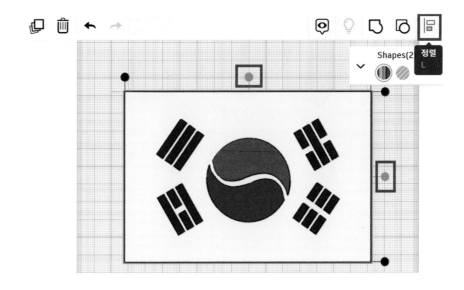

정면에서 바라보면 아래의 그림과 같이 두꺼운 태극기입니다.

따라서 하얀색 [상자]와 나머지 태극기 구성요소의 높이를 자유롭게 조정하여 입체적인 작품을 완성합니다.

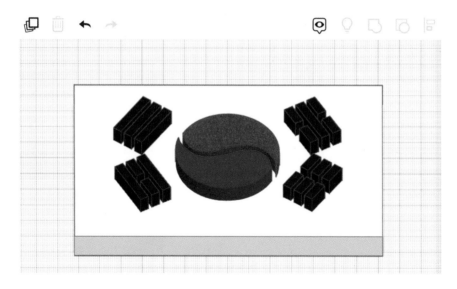

TIP

완성 후 [그룹화]하면, 정렬이 변형되지 않으며 완성도를 높일 수 있습니다.

9-2 수업 더하기: 태극 문양 방패연 만들기

   태극 문양 방패연 만들기 수업은 태극기 만들기 수업 중 태극 문양을 배워야 진행할 수 있는 수업입니다. 다양한 방패연 디자인을 조사함으로써 우리나라 전통 미술의 특징을 학습하고, 방패연이 시대적 배경과 어떻게 관련이 있는지 이해할 수 있습니다. 더불어 방패연을 꾸밀 때, 전통적인 요소와 개인의 독창적 아이디어를 함께 나타내어 다채롭고 개성 있는 표현 및 감상 활동을 할 수 있습니다.

성취기준

[4미01-03] 생활 속에서 다양하게 활용되고 있는 미술을 발견할 수 있다.
[4미02-05] 조형 요소(점, 선, 면, 형·형태, 색, 질감, 양감 등)의 특징을 탐색하고, 표현 의도에 적합하게 적용할 수 있다.
[6미02-04] 조형 원리(비례, 율동, 강조, 반복, 통일, 균형, 대비, 대칭, 점증·점이, 조화, 변화, 동세 등)의 특징을 탐색하고, 표현 의도에 적합하게 활용할 수 있다.

학습 목표

태극 문양을 활용하여 방패연을 3D로 만들 수 있다.

태극 문양 방패연 만들기 2차시 수업안

도입	태극 문양 만드는 방법 떠올리기
	다양한 방패연 디자인 검색하기(포털사이트, 틴커캐드 갤러리 등)
전개	태극 문양을 활용한 나만의 방패연 계획서 작성하기
	계획한 대로 나만의 방패연 만들기
정리	작품 공유 및 감상하기

교사가 방패연의 일부 구성요소는 학생들에게 틴커캐드로 제공합니다. 나무살과 화선지를 제외한 나머지를 3D로 꾸밀 수 있도록 지도합니다.

 TIP

선생님이 만든 [디자인]을 학생들에게 공유하고, 그 [디자인]을 학생들이 복사하여 편집하는 방법은 다음의 내용(200~203쪽)을 참고하세요.

 TIP

미리 제공하는 요소(나무살, 화선지 등)의 유무로 난이도 조절을 할 수 있습니다. 학생들의 수준을 고려하여 선생님들께서 자유롭게 변경하실 수 있습니다.

틴커캐드 모델링 디자인 학생들과 공유하기

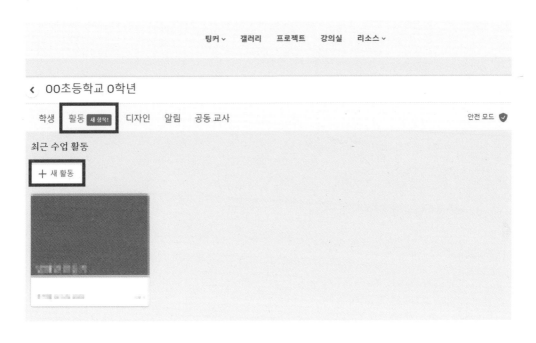

< 활동 ㅣ 방패연 만들기

학생들과 디자인 공유됨

+ 새 디자인 작성

학생 작업

표시   디자인   회로   코드 블록   튜토리얼

학생들이 아직 디자인을 추가하지 않았습니다.

< 활동 ㅣ 방패연 만들기

 선생님이 학생들에게 공유한 디자인

+ 새 디자인 작성

 선생님의 디자인을 복사해서 작업 중인 학생의 디자인들

표시   디자인   회로   코드 블록   튜토리얼

학생들과 디자인 공유한 '선생님' 화면

선생님의 디자인을 공유받은 '학생' 화면

학습지에는 태극 문양이 그려져 있지만, 학생들에게는 지난 시간에 배운 태극 문양을 틴
커캐드에서 스스로 만들도록 지도합니다. 태극 문양을 원하는 위치에 원하는 크기로 설계하
도록 안내하여 배운 내용을 복습하는 시간을 갖습니다.

3) 태극문양을 활용한 방패연 디자인하기

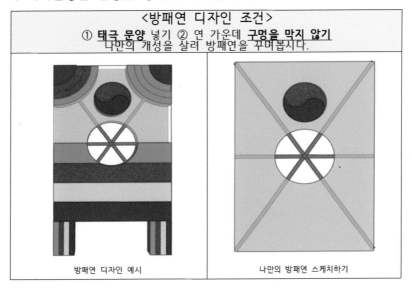

태극 문양 방패연 만들기 예시 작품

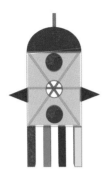

9장 수업
PPT QR코드

9장 학습지
QR코드

CHAPTER 10

미끄럼틀 만들기
(중력 기능 배우기)

10-1 미끄럼틀 만들기(중력 기능 배우기)

틴커캐드의 신기능 Sim Lab을 알아봅시다. Sim Lab을 간단히 말하면 '중력 시뮬레이션'입니다. 틴커캐드로 만든 3D 디자인이 중력을 받으면 어떻게 되는지 확인할 수 있습니다. 예를 들어 미끄럼틀 위에 공이 있으면 떼구루루 아래로 내려가는 것이 구현되고, 직육면체를 여러 개 가져와 순서대로 무너지는 도미노를 만들 수도 있습니다. 게다가 완성한 작품의 균형이 맞지 않으면 중력의 영향을 받아 와장창 무너지기도 합니다. 균형을 완벽히 맞춘다면 무너지지 않겠죠?

Sim Lab은 틴커캐드의 3D 디자인 화면 오른쪽 위의 [사과 그림] 버튼을 클릭하면 됩니다. 그리고 하단의 [재생] 버튼을 클릭해 만든 작품이 중력의 영향을 받으면 어떻게 되는지 쉽게 시뮬레이션해 볼 수 있습니다.

또한, 각 쉐이프의 재질을 지정할 수 있습니다. 플라스틱, 고무, 목재 등 재질에 따라 무게, 마찰력이 달라져 시뮬레이션에서 다르게 동작합니다. 예를 들어, 얼음으로 된 공과 고무로 된 공 중 어느 것이 더 빨리 내려갈까요? 같은 미끄럼틀이라도 얼음으로 된 공이 고무로 된 공보다 마찰력이 적어 빨리 내려갑니다. 지금부터 미끄럼틀을 만들며 Sim Lab에 대해 자세히 알아보도록 하겠습니다.

미끄럼틀 예시 작품

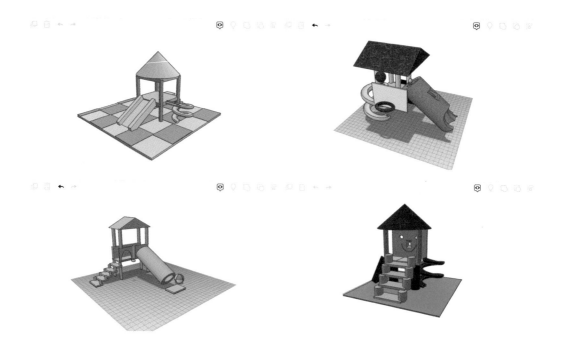

성취기준

[4미02-02] 주제를 자유롭게 떠올릴 수 있다.

[4미02-04] 표현 방법과 과정에 관심을 가지고 계획할 수 있다.

[6미02-03] 다양한 자료를 활용하여 아이디어와 관련된 표현 내용을 구체화할 수 있다.

학습 목표

중력을 고려해 나만의 미끄럼틀을 3D로 만들 수 있다.

미끄럼틀 만들기 2차시 수업안

도입	놀이터에서 가장 좋아하는 놀이기구 이야기하기
	다양한 미끄럼틀 이미지 검색하기(포털사이트, 틴커캐드 갤러리 등)
전개	Sim Lab 소개 및 미끄럼틀 만드는 방법 시범 보이기
	나만의 미끄럼틀 계획서 작성하기
	계획한 대로 나만의 미끄럼틀 만들기
	만든 미끄럼틀 Sim Lab으로 실행해보기
정리	작품 공유 및 감상하기

미끄럼틀 만들기

Sim Lab 활동은 작품 제작 시, 다른 활동보다 더 세밀한 관심이 필요합니다. 이때 학생들에게 친숙하고 학생들이 좋아하는 미끄럼틀은 좋은 디자인 요소입니다. 놀이기구에 대해 이야기하며 동기유발을 하고, 다양한 미끄럼틀을 검색하며 도입 활동을 진행합니다. 그 후 교사의 안내에 따라 미끄럼틀을 만들고 중력 표현, Sim Lab을 알아봅니다. 교사의 시범 작품을 학생들이 함께 만들어도 되지만, 학생들이 이미 익숙하다면, 교사의 시범 작품을 함께 만들지 않아도 됩니다. 교사가 시범 작품을 설명하면, 학생들은 굳이 같이 따라 만들지 않고, 교사의 시범을 들은 후 나만의 미끄럼틀 계획하기로 바로 넘어가도 됩니다.

교사가 시범을 보이기 위한 미끄럼틀 디자인을 설명드리겠습니다. 제일 먼저 제목을 '미끄럼틀'로 변경합니다. 그리고 미끄럼틀의 기둥을 네 개 세웁니다. [기본 쉐이프]의 [원통] 모양을 활용합니다. 앞서 배운 복제와 정렬을 이용하면 더욱 쉽고 정확하게 만들 수 있습니다.

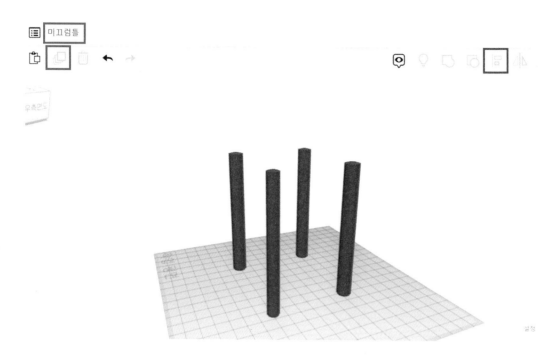

받침과 지붕을 만들어 줍니다. [기본 쉐이프]의 [상자]와 [원추]를 활용합니다.

회전형 슬라이드를 만들겠습니다. [기본 쉐이프]를 클릭해 [쉐이프 생성기]로 변경한 후 [스프링]을 가져옵니다.

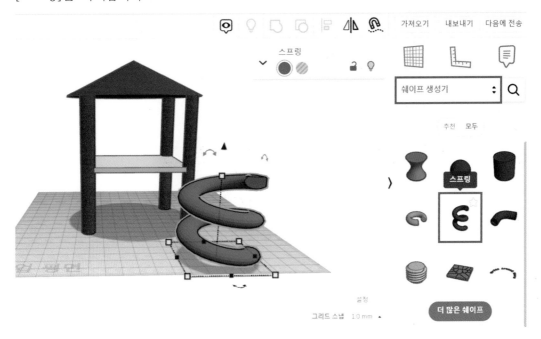

둥근 홈을 파서 미끄러져 내려갈 수 있도록 만들겠습니다. 스프링을 복제합니다. 그럼 같은 자리에 두 개의 스프링이 만들어집니다. 그중 하나를 위로 1, 2mm 정도 살짝만 띄웁니다. 위로 띄운 스프링을 구멍(투명)으로 바꿉니다. 그 후 원래 스프링과 띄운 스프링을 [그룹화]합니다.

> **TIP**
>
> 복제한 스프링을 너무 많이 위로 띄우면 단면 굴곡이 약해져 공이 양옆으로 흐를 수 있으므로 주의합니다. 1, 2mm 정도 섬세하게 조정해 살짝만 위로 띄웁니다.

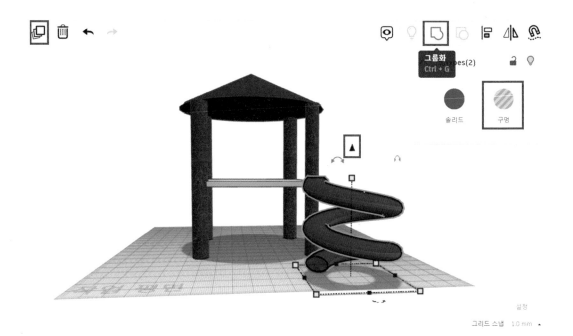

그럼 둥근 홈이 파인 슬라이드 모양이 됩니다. 이 슬라이드의 크기와 방향을 조정해 적절

한 위치에 배치합니다.

TIP

이때 그룹화해 슬라이드를 깎아도 슬라이드의 양 끝이 깔끔
하게 깎아지지 않고 지저분하게 깎이는 경우가 있습니다. 이
는 틴커캐드에서 평면을 깎는 과정에서의 불가피한 오류로
생각됩니다.

이럴 경우, 스프링을 회전하지 않고 그룹화를 먼저 한 후 스
프링을 회전시켜 위치를 찾는 방법이 있습니다. 그래도 지저
분하게 깎이면 [상자] 등 다른 쉐이프를 가져와 양 끝에 겹쳐
구멍(투명)으로 만든 후 그룹화해서 깎아주세요.

[기본 쉐이프]의 [상자]를 이용해 일자형 슬라이드를 만듭니다. 상자 안에 작은 상자를 팔걸이와 엉덩이 받침 부분을 남기고 겹칩니다. 작은 상자를 구멍(투명)으로 만든 후 두 상자를 그룹화하여 깎습니다. 그 후 기울기 등을 조정해 적절한 위치에 배치합니다.

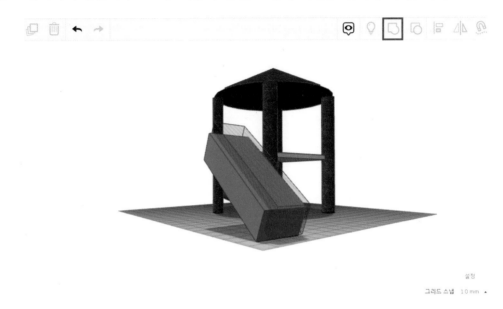

계단을 만들겠습니다. [상자]를 복제하여 만들 수도 있습니다. 책에서는 [돋보기] 버튼을 클릭해 이미 만들어진 계단 쉐이프를 검색하여 활용하겠습니다.

'stairs'라고 검색합니다. 가장 적합한 모양을 가져옵니다.

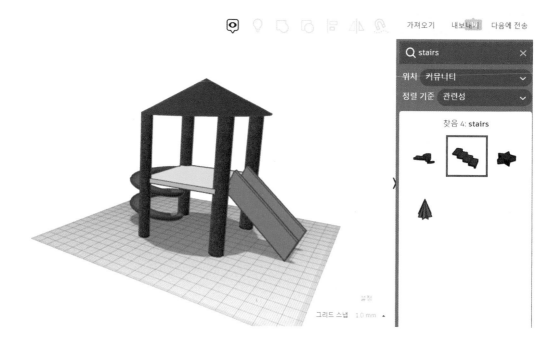

크기와 방향을 조정해 적합한 위치에 배치합니다. 그럼 두 개의 슬라이드와 한 개의 계단
이 있는 미끄럼틀이 완성됩니다. 완성한 후에는 쉐이프들을 꼭 그룹화합니다.

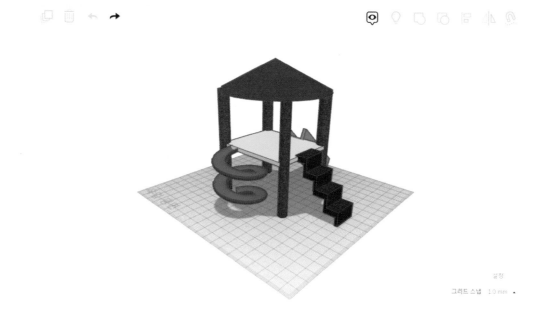

완성된 미끄럼틀에 공을 굴리기 위해 Sim Lab을 실행하겠습니다. [구]를 가져와 적절한 크기로 바꿔준 뒤 슬라이드 위에 올립니다. 그 후 오른쪽 위의 [Sim Lab(사과 모양)]을 클릭합니다.

[Sim Lab(사과 모양)]을 클릭하면 다음 화면과 같이 재생할 수 있는 창이 뜹니다. Sim Lab 실행 시 각 쉐이프별로 '동적', '정적' 설정을 따로 지정할 수 있습니다. '동적'은 중력의 영향을 받는 설정이고, '정적'은 중력의 영향을 받지 않고 그 위치에 고정시키는 설정입니다.

그룹화한 미끄럼틀은 중력의 영향을 받지 않고 고정되어야 하므로 '정적'으로 설정합니다. 해당 쉐이프, 여기서는 '미끄럼틀'을 클릭한 후 오른쪽의 작은 창에서 [정적으로 만들기]를 클릭합니다.

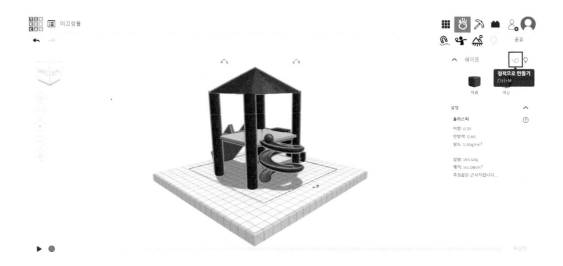

정교하게 설계하면, 미끄럼틀을 따로 '정적'으로 설정하지 않아도 중력의 영향을 받았을 때 넘어지지 않게 만들 수 있습니다. 하지만 책에서는 3D 프린팅이 아닌 3D 디자인이 목적이므로 [정적으로 만들기] 기능을 활용하도록 하겠습니다.

간혹 Sim Lab에서 좌측 하단 재생 버튼이 안 나오는 오류가 있을 수 있습니다. 수업 전 꼭 확인해보고, 재생 버튼이 안 나오면 컴퓨터실에서 컴퓨터로 실습하는 방법도 있습니다.

공은 중력의 영향을 받아 미끄러져 내려가야 하므로 '동적'으로 설정되어야 합니다. 공을 클릭해 [동적으로 만들기]를 클릭합니다. 재료도 기본 플라스틱이 아닌 다른 재질로 바꾸면 움직임이 달라집니다. 예를 들어, 얼음으로 만들면 마찰력이 줄어 더 빠르게 내려가거나, 미끄럼틀에서 벗어나기도 합니다. 설정했으면 왼쪽 하단의 재생 버튼을 클릭합니다.

재생하면 미끄럼틀은 그대로 있고, 공이 내려가고 있는 것이 보입니다. 재생과 일시정지 버튼, 하단 바를 이용해 원하는 부분을 확인할 수 있습니다.

> **TIP**
>
> 공이 쉽게 굴러가지 않는 경우가 있습니다. 이럴 경우 원인을 파악해서 디자인을 수정합니다. 재질을 변경해 마찰력을 바꾸어보는 방법도 있습니다.

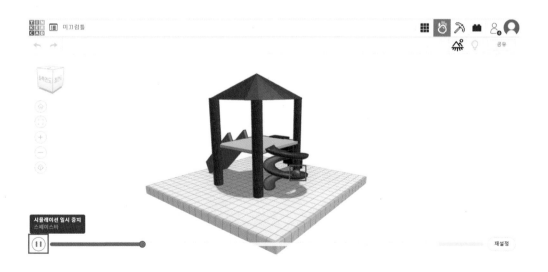

　재생 중에 화면을 클릭하면 아래와 같이 물건들이 던져지는 재미있는 기능이 숨겨져 있습니다. 이로 인해 쉐이프와 접촉하면 쉐이프가 움직이기도 합니다. 물론 원래 디자인이 바뀌는 것은 아니므로 학생들이 부담 없이 재미있게 즐길 수 있습니다.

　이와 같이 미끄럼틀 만들기 시범을 보인다면, 학생들은 나만의 미끄럼틀을 계획해보고 직접 만드는 전개 활동을 진행합니다. 그 후 작품을 공유하고 감상하며 수업을 마무리합니다.

10-2 수업 더하기: 놀이터 만들기

미끄럼틀(2차시)을 만든 후, 나만의 놀이터(2차시)를 설계하고 만들어보는 활동도 재미있게 창의력을 발휘할 수 있습니다. 놀이터에는 시소, 그네 등 중력을 활용하는 기구들이 많습니다. 지난주에 만들었던 미끄럼틀 디자인을 복제하여 그 외의 다른 기구들을 추가하면 보다 쉽게 접근할 수 있습니다.

> **TIP**
>
> 미끄럼틀을 빨리 만들어 시간이 남은 학생들에게도 미끄럼틀 옆에 놀이기구를 만들어보라고 미리 안내할 수도 있습니다.

성취기준

[4미02-02] 주제를 자유롭게 떠올릴 수 있다.
[4미02-04] 표현 방법과 과정에 관심을 가지고 계획할 수 있다.
[6미02-03] 다양한 자료를 활용하여 아이디어와 관련된 표현 내용을 구체화할 수 있다.

학습 목표

중력을 고려해 나만의 놀이터를 3D로 만들 수 있다.

놀이터 만들기 2차시 수업안

도입	지난주에 친구들이 만든 미끄럼틀 감상하기
	다양한 놀이터 이미지 검색하기(포털사이트, 틴커캐드 갤러리 등)
전개	나만의 놀이터 계획서 작성하기
	계획한 대로 나만의 놀이터 만들기
	만든 놀이터 기구(그네, 시소 등) Sim Lab으로 실행해보기
정리	작품 공유 및 감상하기

놀이터 만들기 예시 작품

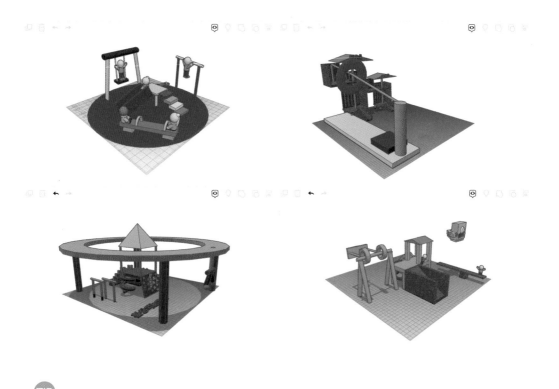

> **TIP**
> 놀이터에서 안전이 중요하므로, 안전한 놀이기구를 만들자고 안내합니다.

**10장 수업
PPT QR코드**

**10장 학습지
QR코드**

타 교과 융합하기

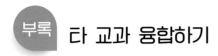 **타 교과 융합하기**

[수학 융합] 원기둥, 원뿔, 구 등의 입체도형 활용한 건축물 만들기

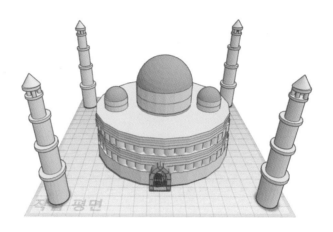

원기둥, 원뿔, 구를 활용하여 이슬람 건축양식을 모티브하여 제작하였습니다. 원기둥, 원뿔, 구를 다양한 크기와 모양으로 바꾸어 창의적으로 제작할 수 있습니다.

[사회 융합] 미래 공공기관 만들기

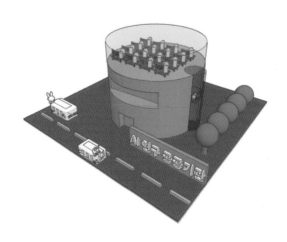

사회/창체 시간에 활용할 수 있는 과제로, 미래에 필요할 법한 공공기관을 계획하고 만들어 낼 수 있습니다. 미래에 인공지능 관련 공공기관이 필요할 것으로 생각되어 이를 제작하였습니다. 몇 개의 [원기둥]을 색상을 변경하여 공공기관의 틀을 잡고 [돋보기]에서 'monitor', 'tree', 'desk' 등으로 공공기관을 꾸며주었습니다.

[사회 융합] 석가탑 만들기

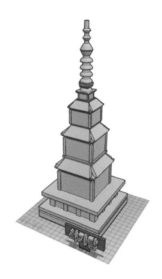

사회 시간에 역사를 배우며 할 수 있는 과제로 규칙적으로 쌓은 석가탑을 제작하였습니다. [상자]와 [포물면] 등을 활용하여 제작하였고 7장에서 배우는 [복제 후 반복] 기능을 활용하면 보다 더 효율적으로 제작할 수 있습니다.

[사회, 실과 융합] 세계 다양한 나라 음식 만들기

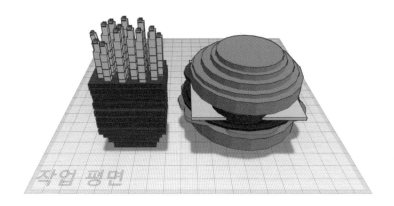

　미술에서 환조를 활용하면 다른 교과와 융합하여 다양한 주제의 작품을 완성할 수 있습니다. 환조란 입체표현 중 하나로, 사방에서 작품을 감상하고 만질 수 있는 제작 기법을 말합니다. 즉, 틴커캐드의 장점은 어떤 물체든 입체로 표현할 수 있다는 것입니다. 기본 쉐이프와 [Scribble]을 사용하여 평평한 디자인을 만든 후, 쌓아 환조 작품을 완성할 수 있습니다.

[과학 융합] 친환경 자동차 만들기

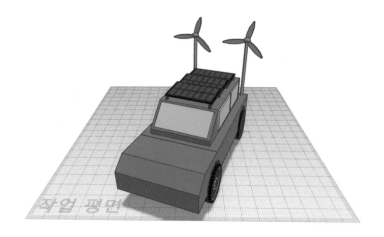

태양열과 풍력발전을 통해 이동하는 전기 자동차를 모델링하였습니다. 차체를 직접 제작하는 방법도 있지만 작업 시, 우측 탭에서 'car'를 검색하여 마음에 드는 차체를 고른 후, 친환경 요소를 추가하여 완성하는 방법도 있습니다.

[과학 융합] 사람 구하는 로봇 만들기

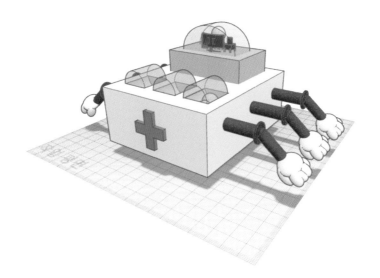

과학 시간에 활용할 수 있는 과제로, 미래 사회에 사용될 다양한 로봇을 상상하여 계획하고 만들어 낼 수 있습니다. 재난 현장에서 사람을 구할 수 있는 로봇을 제작하였고 [상자]와 [원기둥] 등을 활용하여 만들었습니다. 다양한 쉐이프들을 활용하여 더욱 창의적인 로봇을 만들 수 있습니다.

위 사례 외에도 틴커캐드를 활용하면 다른 교과와 융합한 작품들을 무궁무진하게 만들 수 있습니다. 틴커캐드는 상상력을 현실로 만들 수 있는 도구입니다. 틴커캐드를 활용하여 학생들의 창의력과 상상력을 키워보시기 바랍니다.

저자 소개

원정민

학생들이 몰입하는 에듀테크 수업과 생산성 도구를 기반으로 한 학생 및 업무 관리에 관심이 많다. 여러 지역의 교육 연수원과 서울, 경기 지역 전문적 학습 공동체에서 강의를 진행했으며, 티처빌연수원 티스콘 직무연수, 쌤모임 등에서 강의를 진행하였다.

저서로 <열정민쌤의 완전 쉬운 에듀테크, 태블릿 활용수업>, <열정민쌤의 원노트로 만드는 무게 0g 디지털 교무수첩>, <가장 쉬운 독학 노션 첫걸음>이 있다.

(현) 함현초등학교 교사

온연경

학생들을 위한 다양한 교육 방법을 연구하고 교실에 적용해보는 것을 즐긴다. 에듀테크 및 AI 등 새로운 교육 패러다임에 관심을 갖고 연구하고 있다. 예체능 교과에 관심이 많으며, 이를 활용한 인성 및 진로교육에 집중하고 있다.

T셀파 수업 혁신 연구대회에서 틴커캐드를 활용한 미술 프로젝트 수업으로 수상했다.

(현) 고양용현초등학교 교사

고수빈

평소 디지털 관련 교육현황이나 에듀테크를 수업 속에 적용하는 것에 관심이 많아 새로운 연구나 에듀테크 도구를 적극 탐색하는 중이다. 에듀테크 도구를 활용하여 학급의 모든 학생들이 몰입할 수 있는, 배움이 있는 수업을 항상 고민한다.

KERIS에서 주관하는 디지털 전환 실태조사를 공동 연구하였으며, 경기도미래교육연구원에서 디지털·AI 교육 전문가 과정을 이수하였다. 교원을 대상으로 캔바 및 띵커벨 활용 방법 연수를 진행하였다.

(현) 광주푸른초등학교 교사

이상수

에듀테크가 교사의 교육 목표 달성에 도움을 준다는 것을 깨닫고 에듀테크를 활용한 교육을 연구하고 교실에 적용하고 있다. 최근에는 에듀테크를 활용한 인성교육, 교사의 업무에서 활용할 수 있는 에듀테크에 대해 관심을 가지고 연구하고 있다.

한국 과학 창의재단에서 주관하는 협력지능 수업모델을 활용한 창의교육 선도 교사 및 파주 미래교육 수업지원단으로 활동하였다.

(현) 냉정초등학교 교사

최지은

학생들과 소통하며 수업할 때 가장 즐거운 교사다. 더 재미있는 수업을 위해 에듀테크 활용 수업을 연구하기 시작하여, 정형화된 미술 수업을 넘어 더욱 즐거운 미술 수업을 연구하다 틴커캐드를 만났다.

경기도 에듀테크 활용교육 선도교원, 교육지원청 에듀테크 지원단 활동 등을 통해 학생들과 수업 시간을 더욱 의미 있게 보내는 방법에 대해 성실히 고민하고 실천해 나가고 있다.

(현) 부안초등학교 교사

열정민쌤의 틴커캐드로 시작하는 에듀테크 미술 만들기 수업

초판발행   2024년 6월 20일

지은이   원정민 · 온연경 · 고수빈 · 이상수 · 최지은
펴낸이   노   현

편 집   김다혜
기획/마케팅   허승훈
표지디자인   이영경
제 작   고철민 · 조영환

펴낸곳   ㈜ 피와이메이트
            서울특별시 금천구 가산디지털2로 53, 210호(가산동, 한라시그마밸리)
            등록 2014. 2. 12. 제2018-000080호
전 화   02)733-6771
f a x   02)736-4818
e-mail   pys@pybook.co.kr
homepage   www.pybook.co.kr
I S B N   979-11-6519-981-4   93370

copyright©원정민 · 온연경 · 고수빈 · 이상수 · 최지은, 2024, Printed in Korea

정 가   23,000원

박영스토리는 박영사와 함께하는 브랜드입니다.